ANTRAG

Rechtsanwalt
**Michael Baczko
& Peter Escher**

ABGELEHNT?

So können Sie sich erfolgreich wehren

ANTRAG ABGELEHNT?

Rechtsanwalt
**Michael Baczko
& Peter Escher**

So können Sie sich erfolgreich wehren

IMPRESSUM

© SAXO-Phon GmbH · www.saxophon-verlag.de

Lektorat: Ulf Mallek (verantwortlich)
Layout & Satz: Antje Madaus · DDV Technik GmbH · Team DDV Grafik
Autorenfoto: Claudia Hübschmann (Peter Escher), Michael Baczko (privat)
Druck: SaxoPrint

ISBN 978-3-9820508-0-5

INHALTSVERZEICHNIS

SOZIALRECHT (SOZIALGESETZBUCH I – XII)   48

VERWALTUNGSGERICHTSBARKEIT

VORWORT VON MICHAEL BACZKO

Ich bin 1950 geboren. Mein Vater, Flüchtling aus Ostpreußen, erhielt 1951 die Zulassung als Rechtsanwalt. Aufgrund seines Schicksals war er zunächst vorwiegend auf dem Gebiet des Sozial- und Verwaltungsrechtes tätig und half hier vielen Menschen, die insbesondere aufgrund der Kriegsfolgen in Not geraten waren bzw. bei den Behörden um ihr Recht kämpfen mussten.

Wir waren ein Familienbetrieb. Menschliche Schicksale oder Ärger mit den Behörden wurden oft in der Familie am Mittagstisch besprochen.

Mein Vater war einer der ersten Fachanwälte für Sozialrecht. Ich bin nunmehr seit über 30 Jahren als Rechtsanwalt und seit über 20 Jahren als Fachanwalt für Sozialrecht tätig. Über zehn Jahre war ich oft als Experte in der Fernsehsendung des MDR „Ein Fall für Escher" gefragt.

Einer der Hauptgründe meines Engagements ist die Tatsache, dass ich im Jahre 1967 zwei schwere Operationen hatte und seitdem schwerbehindert bin.

Die Ärzte sagten meinen Eltern, sie wüssten nicht, ob ich noch eine Woche, einen Monat oder ein Jahr leben würde. Eine lange Lebensdauer gab man mir nicht.

Obwohl ich mittlerweile schon zweimal klinisch tot war, lebe ich immer noch.

Mein Vater schaffte es, teilweise auch unter erheblichem persönlichen finanziellen Einsatz, mir meine Ausbildung, ja mein Leben sicherzustellen.

Leider ist es heute immer noch so, dass diejenigen, die über genügend Geld und genügend Beziehungen verfügen, eher zu ihrem Recht kommen als ein Normalbürger.

Ein bisschen versuche ich (auch mit diesem Buch) und habe es in meiner lebenslangen Tätigkeit versucht, denjenigen zu helfen, die nicht wie ich dieses Glück hatten.

Ich persönlich halte es für ein Skandal, dass in der reichen Bundesrepublik Deutschland die medizinische Versorgung schlechter als in Kuba ist, wovon ich mich bei einer mehrwöchigen Reise nach Kuba im Jahre 2017 vergewissern konnte.

Ich verfüge somit über lange Erfahrungen im Umgang mit Behörden und habe nach mittlerweile über 20 Jahren Seminartätigkeit, auch für Behördenmitarbeiter, auf dem Gebiet des Sozialrechts gute Kenntnis von internen Behördenvorgängen. Ganz zu schweigen von meinen eigenen persönlichen

Erfahrungen, auch mit der tödlichen Krebserkrankung meiner Frau, der Pflege meiner Eltern.

Man kann daraus leider nur den einen Schluss ziehen:
„Traue keiner Behörde, keinen Behördenmitarbeiter"
oder mit Lenin
„Vertrauen ist gut, aber Kontrolle ist besser."

Begründung:
Der Staat, die Gemeinden und die Sozialleistungsträger sind gesetzlich verpflichtet, sparsam zu wirtschaften.
Oft, so wurde mir berichtet, wird ein Behördenmitarbeiter, der den Antragstellern viele, ihm zustehende Leistungen gewährt und die Bürger vielleicht auch noch darüber berät wie und zu welchen Leistungen er kommt, dann in eine andere Stelle versetzt. Er kostet ja dem Staat Geld.
Der Behördenmitarbeiter, der möglichst viele Anträge ablehnt und teilweise entgegen dem Gesetz, die Antragsteller nicht berät, wird befördert, da er dem Staat, dem Sozialleistungsträger, Geld spart.
Von einem leitenden Beamtem einer Behörde wurde mir bestätigt, dass interne Vorgaben bestehen nach dem Motto: Wenn sich gegen zehn möglicherweise rechtswidrige Bescheide nur neun Betroffene wehren, haben wir schon Geld gespart.

Schlussfolgerung:
Wenn Sie der Meinung sind, einen begründeten Anspruch auf eine staatliche Leistung, auf eine Leistung nach dem Sozialgesetzbuch (Sozialhilfe, Jugendhilfe, gesetzliche Sozialversicherung, Rehabilitation etc.) zu haben, lassen Sie sich nicht vom Behördenmitarbeiter überreden, von der Antragstellung abzusehen.

Legen Sie grundsätzlich gegen einen negativen Bescheid Widerspruch ein, gegen einen negativen Widerspruchsbescheid erheben Sie zunächst zur Fristwahrung Klage.

Denken Sie daran: „Wer nicht kämpft, hat schon verloren."

Halten Sie sich eines vor Augen:

Wenn Sie gegen ablehnende Bescheide vorgehen, können Sie nur gewinnen, verloren haben Sie aber, wenn Sie sich alles gefallen lassen.

Außerdem spricht die Statistik für Sie. Circa 30 Prozent der Widersprüche und Klagen im Verwaltungs- und Sozialrecht sind erfolgreich. Damit ist gemeint, dass den Widersprüchen und Klagen ganz oder teilweise entsprochen wird. Entsprechendes gilt im Steuerrecht.

Aus meiner langjährigen Erfahrung, insbesondere aufgrund des breiten Erkenntnisspektrums aus meiner vielfachen Seminartätigkeit und der Sendung „Ein Fall für Escher", wir hatten viele Internet- und Telefonsprechstunden sowie unheimlich viel Zuschauerpost, gehe ich davon aus, dass sich nur ein geringer Teil der Bevölkerung gegen zu Unrecht erteilte negative Behördenentscheidungen wehrt. Lassen Sie sich dies nicht gefallen. Wir, die Bürger, sind der Staat. Die Bediensteten des Staates sind Staatsdiener, sie haben uns zu dienen, uns zu beraten, uns zu helfen, nicht umgekehrt.

Mit diesem Buch will ich all denjenigen, die zu großes Vertrauen in Behördenentscheidungen haben oder meinen, diesen ohnmächtig gegenüberzustehen, Ratschläge in die Hand geben, und denjenigen, die nicht wissen, wie sie richtig mit den Behörden umgehen müssen, eine Hilfestellung geben, ihre Rechte wirksam durchsetzen zu können.

ALLGEMEINES

Grundsätzlich gelten die nachfolgenden Ausführungen zur Antragstellung und zu den möglichen Rechtsmitteln für alle Gebiete des Sozial- und Verwaltungsrechtes.

Leider ist es so, dass einzelne Gebiete des Sozialrechtes nicht in die Zuständigkeit der Sozialgerichtsbarkeit, sondern teilweise in das Gebiet der Verwaltungsgerichtsbarkeit fallen. Ein Beispiel ist die Jugendhilfe. Ärger mit dem Kindergeld fällt in den Bereich der Finanzgerichtsbarkeit. Aus diesem Grund werden zunächst grundsätzliche Ausführungen zur Antragstellung und Rechtsmitteln gemacht und erst danach wird auf spezielle Probleme eingegangen.

Unabhängig von Antragstellung und Rechtsmitteln ist Folgendes zu beachten:

Stellen Sie einen Antrag oder ein Rechtsmittel (Widerspruch und Klage) immer schriftlich. Fertigen Sie eine Kopie des Schriftstückes und geben Sie es mit einem Zeugen möglichst bei der Behörde ab. **Lassen Sie sich den Eingang bestätigen.** Sie können das Schriftstück auch vorab per Fax und dann als Einschreiben schicken. Eine E-Mail genügt nicht!

Grundsatz:
Eine Antragstellung ist nicht gleichbedeutend mit der Ausfüllung eines Formulars.

Jeder Antrag kann formlos gestellt werden.
Die Ausfüllung eines Formulars, die Erteilung von Auskünften ist lediglich eine sogenannte Mitwirkungspflicht, welche nach der Antragstellung zu erfüllen ist.

Eine erfolgreiche Behördenentscheidung beginnt schon mit der richtigen Antragstellung. Bereits bei der Antragstellung werden oft aus Unkenntnis und/oder falscher Beratung durch Mitarbeiter der Behörden grundsätzliche Fehler gemacht, die sich dann negativ im weiteren Verfahren auswirken. Das grundsätzliche Problem bei der Antragstellung besteht darin, dass manchmal zu viel Vertrauen in die Behördenmitarbeiter investiert wird.

Aber, treten Sie als Antragsteller nicht zu selbstbewusst, nicht besserwissend auf. Stellen Sie sich dümmer als Sie sind. Fragen Sie nach. Wecken Sie den Ehrgeiz, das Mitleid des Behördenmitarbeiters. Gerade im Umgang mit den Behörden gilt: „Der Ton macht die Musik".

Natürlich gibt es auch sehr engagierte Behördenmitarbeiter, die einem wirklich helfen.
Es liegt in der Natur der Sache, da ich als Rechtsanwalt beruflich natürlich nur mit denjenigen Dingen befasst bin, die schiefgehen, eine beschränkte Wahrnehmung habe. Ich kann nicht sagen, und es existiert auch keine Statistik darüber, wie viele Entscheidungen der Behörden wirklich richtig bzw.

menschlich sind. In meinem Leben habe ich auch sehr oft, insbesondere bei meinen Seminaren und Schulungen erlebt, dass es durchaus sehr engagierte und hilfsbereite Behördenmitarbeiter gibt.

Misstrauisch sollte man sein, wenn der/die Behördenmitarbeiter(in) zu erkennen gibt, dass er/sie dem Antrag keine Erfolgschance einräumt oder den Antrag nicht annehmen will bzw. dem Antragsteller sagt, der Antrag, der Widerspruch hätte keinen Sinn, und rät, den Antrag, den Widerspruch zurückzunehmen bzw. überhaupt nicht zu stellen.

Es liegt auf der Hand, dass der Antrag, der Widerspruch, der nicht gestellt wird, der Behörde, deren Mitarbeiter oft überlastet, oft überfordert sind, Zeit und Geld erspart. Denn über den Antrag, über den Widerspruch muss niemand entscheiden. Der beste Antrag, der beste Widerspruch für die Behörde, das Amt, ist einer, der nicht gestellt wird.

Die Stellung eines Antrags, die Einlegung eines Widerspruchs oder einer Klage löst Fristen aus.
Immer wieder wird mir berichtet, dass wenn Bürger bei einer Behörde vorsprechen und mündlich ein Antrag stellen möchten, ihnen gesagt wird, sie hätten darauf keinen Anspruch und der Antrag nicht entgegengenommen wird. Das ist falsch und entspricht nicht dem Gesetz. Der Antrag kann mündlich gestellt werden und muss vom Behördenmitarbeiter protokolliert werden. Entsprechend verhält es sich, wenn jemand bei der Behörde vorspricht und einen Widerspruch oder eine Klage gegen einen ablehnenden Bescheid einlegen will.

Hat der Betreffende allein bei der Behörde vorgesprochen, also keinen Zeugen mitgenommen oder **schriftlich keinen** Antrag gestellt, **keinen** Widerspruch, **keine** Klage erhoben, so hat er auch keinen Anspruch auf die Leistungen, die ihm mit dem Antrag vielleicht zugestanden hätten.

In meiner Praxis ist es schon sehr oft vorgekommen, dass ich nachträglich erfolgreich für meine Mandantschaft einen Antrag gestellt habe, die Leistung jedoch erst später gewährt wurde. Es kam aber auch vor, dass obwohl die Leistung hätte gewährt werden müssen, der verspätete Antrag abgelehnt worden ist, da in der Regel Voraussetzung für die Erbringung einer Leistung eine **vorherige** Antragstellung ist.

Entsprechend verhält es sich bei der Einlegung von Rechtsmitteln (Widerspruch und Klage gegen ablehnenden Bescheid/Widerspruchsbescheid).

ANTRAG – RECHTSBEHELFE

Antrag

Wer vom Staat, der gesetzlichen Versicherung (Sozialversicherung), Gemeinden, Städten, Landkreisen, Bezirken etc. etwas haben will, muss, bis auf wenige Ausnahmen, immer einen Antrag stellen. In der Regel genügt es, dass man mündlich oder schriftlich bei der Behörde diesen Antrag stellt. Das Schreiben an die Behörde könnte beispielsweise so aussehen:

Absender: *Max Mustermann*   *Datum*
           Musterstraße 100
           99999 Musterstadt

An die Deutsche Rentenversicherung
......
Versicherungsnummer:

Hiermit stelle ich, Max Mustermann, Musterstrasse 100, 99999 Musterstadt, Antrag auf Erwerbsminderungsrente.

Bitte bestätigen Sie mir den Eingang des Antrages

Unterschrift

Aus Beweissicherungsgründen empfehle ich, wenn möglich, den **Antrag persönlich abzugeben** und sich auf einer Kopie des Antrages **bestätigen** zu lassen, dass der Antrag abgegeben worden ist.

Grundsätzlich ist es im Bereich des Sozialrechts, aber auch weitgehend im Bereich des Verwaltungsrechtes so, dass man bei der Stadt, der Gemeinde, dem Landkreis **fristwahrend** einen Antrag, Widerspruch oder eine Klage abgeben kann.

Sollte die betreffende Stelle nicht zuständig sein, muss sie den Antrag weiterleiten bzw. Sie darüber aufklären, an welcher anderen Stelle der Antrag zu stellen ist. Sollte es nicht möglich sein, den Antrag persönlich abzugeben, so empfiehlt es sich, diesen Antrag per Einschreiben - Rückschein der Behörde/ dem Amt zuzusenden.

Da dies jedoch noch nicht der Beweis dafür ist, dass Sie einen entsprechenden Antrag in den Briefumschlag gegeben haben (es könnte ja auch ein leeres Stück Papier darin stecken), sollten Sie unter Zeugen den entsprechenden Antrag in das Briefkuvert geben. Der Zeuge soll auf der Kopie des Antrages mit seinem Namen und Datum bestätigen, dass Sie diesen Antrag in das Kuvert gegeben haben und sollte auch mit zur Post gehen.

Zusätzlich können Sie den Antrag auch noch per Fax senden. Sie erhalten dann in Ihrem Faxgerät, wenn es entsprechend eingestellt ist, eine Sendebestätigung mit dem Ausdruck der ersten Seite. Grundsätzlich ist ein per E-Mail oder Fax gestellter Antrag jedoch nicht rechtswirksam gestellt. Der Nachweis des Faxes hilft aber gegebenenfalls, um die Antragstellung glaubhaft nachzuweisen.

Sprechen Sie persönlich vor, sollten Sie sich nicht von der Antragstellung abhalten lassen und darauf bestehen, dass Ihr Antrag schriftlich niedergelegt wird und Sie eine Bestätigung über den Empfang des Antrages erhalten.

Die obigen Ausführungen zu Antragstellung gelten ebenso für die Einlegung eines Widerspruches oder einer Klage.

In der Regel wird Ihnen, wenn Sie vorsprechen und einen Antrag stellen wollen, ein Antragsformular ausgehändigt. Normalerweise füllt man das Antragsformular nicht gleich bei der Behörde aus. In diesem Fall soll man sich auf dem Antragsformular den Tag der Vorsprache und der Aushändigung des Antrages bestätigen lassen.

In meiner langjährigen Praxis wurde mir immer wieder berichtet, dass die Vorsprache bei einer sogenannten formlosen Antragstellung nach der Aushändigung des Formulars nicht bei der Behörde vermerkt wurde.

Die Ausfüllung der Formulare und die Abgabe kann einige Zeit in Anspruch nehmen. Geben Sie dann das Formular später ab, und ist der Tag der ersten

Vorsprache, also der tatsächlichen Antragstellung, nicht bestätigt, so erhalten Sie eventuell Leistungen erst später.

Ich habe in einer großen Stadt ein Seminar für Mitarbeiter der Wohngeldstelle gehalten.

Ich wies darauf hin, dass bereits ab Vorsprache und Aushändigung der Formulare der Antrag gestellt wurde. Daraufhin gab es eine sehr hitzige Diskussion, in der mir die Behördenmitarbeiter sagten, dass dies so nicht stimme. Auf meine Nachfrage wurde mir gesagt, dass von der obersten Behörde die Weisung erteilt worden sei, dass als Tag der Antragstellung die Abgabe des ausgefüllten Formulars gelte.

Ich musste erst unter Zuhilfenahme eines Kommentars anhand der Rechtssprechung den Behördenmitarbeitern klarmachen, dass eine rechtswidrige Weisung der obersten Behörde vorliegt. Ob man das in der Praxis korrigiert hat, weiß ich nicht.

Dieses Beispiel zeigt, dass man teilweise in den Behörden entweder inoffiziell oder offiziell rechtswidrige Anweisungen gibt und dem Bürger die ihm zustehenden Leistungen vorenthält. Der Bürger wird auch oft nicht, entgegen dem Gesetz, darüber aufgeklärt, wo und wie er Anträge zu stellen hat, insbesondere wird er oft nicht darüber aufgeklärt, welche Ansprüche ihm zustehen.

Nachfolgend die entsprechend wichtigen Bestimmungen im Sozialrecht:

§ 13 *Aufklärung Sozialgesetzbuch (SGB) Erstes Buch (I)*
Die Leistungsträger, ihre Verbände und die sonstigen in diesem Gesetzbuch genannten öffentlich-rechtlichen Vereinigungen sind verpflichtet, im Rahmen ihrer Zuständigkeit die Bevölkerung über die Rechte und Pflichten nach diesem Gesetzbuch aufzuklären.

§ 14 *Beratung Sozialgesetzbuch (SGB) Erstes Buch (I)*
Jeder hat Anspruch auf Beratung über seine Rechte und Pflichten nach diesem Gesetzbuch. Zuständig für die Beratung sind die Leistungsträger, denen gegenüber die Rechte geltend zu machen oder die Pflichten zu erfüllen sind.

§ 15 Auskunft Sozialgesetzbuch (SGB) Erstes Buch (I)
(1) Die nach Landesrecht zuständigen Stellen, die Träger der gesetzlichen Krankenversicherung und der sozialen Pflegeversicherung sind verpflichtet, über alle sozialen Angelegenheiten nach diesem Gesetzbuch Auskünfte zu erteilen.

(2) Die Auskunftspflicht erstreckt sich auf die Benennung der für die Sozialleistungen zuständigen Leistungsträger sowie auf alle Sach- und Rechtsfragen, die für die Auskunftsuchenden von Bedeutung sein können und zu deren Beantwortung die Auskunftsstelle imstande ist.

(3) Die Auskunftsstellen sind verpflichtet, untereinander und mit den anderen Leistungsträgern mit dem Ziel zusammenzuarbeiten, eine möglichst umfassende Auskunftserteilung durch eine Stelle sicherzustellen.

(4) Die Träger der gesetzlichen Rentenversicherung sollen über Möglichkeiten zum Aufbau einer staatlich geförderten zusätzlichen Altersvorsorge produkt- und anbieterneutral Auskünfte erteilen.

§ 16 Antragstellung Sozialgesetzbuch (SGB) Erstes Buch (I)
(1) Anträge auf Sozialleistungen sind beim zuständigen Leistungsträger zu stellen. Sie werden auch von allen anderen Leistungsträgern, von allen Gemeinden und bei Personen, die sich im Ausland aufhalten, auch von den amtlichen Vertretungen der Bundesrepublik Deutschland im Ausland entgegengenommen.

(2) Anträge, die bei einem unzuständigen Leistungsträger, bei einer für die Sozialleistung nicht zuständigen Gemeinde oder bei einer amtlichen Vertretung der Bundesrepublik Deutschland im Ausland gestellt werden, sind unverzüglich an den zuständigen Leistungsträger weiterzuleiten. Ist die Sozialleistung von einem Antrag abhängig, gilt der Antrag als zu dem Zeitpunkt gestellt, in dem er bei einer der in Satz 1 genannten Stellen eingegangen ist.

(3) Die Leistungsträger sind verpflichtet, darauf hinzuwirken, dass unverzüglich klare und sachdienliche Anträge gestellt und unvollständige Angaben ergänzt werden.

Im sonstigen Verwaltungsrecht bestehen entsprechende Vorschriften Verwaltungsverfahrensgesetz (VwVfG)

§ 22 Beginn des Verfahrens
Die Behörde entscheidet nach pflichtgemäßem Ermessen, ob und wann sie ein

Verwaltungsverfahren durchführt. Dies gilt nicht, wenn die Behörde aufgrund von Rechtsvorschriften

1. von Amts wegen oder auf Antrag tätig werden muss,

2. nur auf Antrag tätig werden darf und ein Antrag nicht vorliegt.

§ 25 Beratung, Auskunft, frühe Öffentlichkeitsbeteiligung

(1) Die Behörde soll die Abgabe von Erklärungen, die Stellung von Anträgen oder die Berichtigung von Erklärungen oder Anträgen anregen, wenn diese offensichtlich nur versehentlich oder aus Unkenntnis unterblieben oder unrichtig abgegeben oder gestellt worden sind. Sie erteilt, soweit erforderlich, Auskunft über die den Beteiligten im Verwaltungsverfahren zustehenden Rechte und die ihnen obliegenden Pflichten.

(2) Die Behörde erörtert, soweit erforderlich, bereits vor Stellung eines Antrags mit dem zukünftigen Antragsteller, welche Nachweise und Unterlagen von ihm zu erbringen sind und in welcher Weise das Verfahren beschleunigt werden kann. Soweit es der Verfahrensbeschleunigung dient, soll sie dem Antragsteller nach Eingang des Antrags unverzüglich Auskunft über die voraussichtliche Verfahrensdauer und die Vollständigkeit der Antragsunterlagen geben.

(3) Die Behörde wirkt darauf hin, dass der Träger bei der Planung von Vorhaben, die nicht nur unwesentliche Auswirkungen auf die Belange einer größeren Zahl von Dritten haben können, die betroffene Öffentlichkeit frühzeitig über die Ziele des Vorhabens, die Mittel, es zu verwirklichen, und die voraussichtlichen Auswirkungen des Vorhabens unterrichtet (frühe Öffentlichkeitsbeteiligung). Die frühe Öffentlichkeitsbeteiligung soll möglichst bereits vor Stellung eines Antrags stattfinden. Der betroffenen Öffentlichkeit soll Gelegenheit zur Äußerung und zur Erörterung gegeben werden. Das Ergebnis der vor Antragstellung durchgeführten frühen Öffentlichkeitsbeteiligung soll der betroffenen Öffentlichkeit und der Behörde spätestens mit der Antragstellung, im Übrigen unverzüglich mitgeteilt werden.

Satz 1 gilt nicht, soweit die betroffene Öffentlichkeit bereits nach anderen Rechtsvorschriften vor der Antragstellung zu beteiligen ist. Beteiligungsrechte nach anderen Rechtsvorschriften bleiben unberührt.

Verwaltungsverfahrensgesetz (VwVfG)

§ 24 Untersuchungsgrundsatz

(1) Die Behörde ermittelt den Sachverhalt von Amts wegen. Sie bestimmt

> *Art und Umfang der Ermittlungen; an das Vorbringen und an die Beweis-anträge der Beteiligten ist sie nicht gebunden. Setzt die Behörde automatische Einrichtungen zum Erlass von Verwaltungsakten ein, muss sie für den Einzelfall bedeutsame tatsächliche Angaben des Beteiligten berücksichtigen, die im automatischen Verfahren nicht ermittelt würden.*
> *(2) Die Behörde hat alle für den Einzelfall bedeutsamen, auch die für die Beteiligten günstigen Umstände zu berücksichtigen.*
> *(3) Die Behörde darf die Entgegennahme von Erklärungen oder Anträgen, die in ihren Zuständigkeitsbereich fallen, nicht deshalb verweigern, weil sie die Erklärung oder den Antrag in der Sache für unzulässig oder unbegründet hält.*

Aus meiner langjährigen und über 30 Jahre währenden Berufserfahrung gehe ich davon aus, dass tagtäglich gegen die Auskunft- und Beratungspflicht verstoßen wird und Bürger, die mündlich vorsprechen, abgewimmelt werden. Auch trifft man immer wieder auf Manipulationsversuche der Behörden.

Vor vielen Jahren haben die Richter des Sozialgerichts Berlin darüber geklagt, dass die Akten des Jobcenters zum Großteil nicht vollständig seien. Weshalb ist das so? In meinen frühen Berufsjahren musste ich die Erfahrung machen, dass von Behördenmitarbeitern geleugnet wurde, dass Unterlagen abgegeben worden sind. Ein guter Freund von mir, Richter bei einem Verwaltungsgericht, hat mir empfohlen, ich solle ohne vorherige Ankündigung mit einer Vollmacht bei der Behörde erscheinen und Akteneinsicht nehmen. Nur so könne ich sicherstellen, dass alles vorhanden ist. Es sei an der Tagesordnung, dass bevor Akten an das Gericht gegeben werden, diese erst „bereinigt" werden. Ich konnte dies in einigen Fällen nachweisen.

Unter anderem konnte ich in einigen Verfahren nachweisen, dass Schriftstücke, welche ich nachweislich meiner Faxprotokolle an das Amt geschickt hatte, sich nicht in den Akten befanden.

Vor vielen Jahren hat meine Sekretärin persönlich in den Briefkasten der Stadt Erlangen umfangreiche Unterlagen eingeworfen. Es wurde seitens der Stadt Erlangen bestritten, dass diese Unterlagen eingegangen seien. Seitdem sende ich in Verwaltungs- und Sozialrechtsangelegenheiten, insbesondere an die Behörden, meine Schriftstücke vorab per Fax, möglichst auch die entsprechenden Unterlagen. Grundsätzlich lasse ich mir den Empfang der Unterlagen, insbesondere wenn diese aufgrund ihres Umfangs nicht per Fax übermittelt werden können, bestätigen.

Hierzu folgender Fall aus der Praxis:

> *Der Antragsteller sprach Ende September beim Jobcenter vor und wollte einen Antrag auf Hartz IV stellen. Der Mitarbeiter des Jobcenters sagte, man hätte im Augenblick keine Antragsformulare, der Betreffende möge doch in ein oder zwei Wochen nochmals kommen.*
> *Der Antragsteller gab dann die ausgefüllten Formulare im Oktober ab.*

Die Behörde hat als Zeitpunkt der Antragstellung die Abgabe der Formulare, den Oktober, festgelegt. Somit erhielt der Antragsteller die ihm eigentlich schon für September zustehenden Leistungen nicht.

Wenn der Antragsteller nicht nachweisen kann, dass die Vorsprache schon im September erfolgt ist, erhält er, auch wenn die Voraussetzungen erfüllt sind, mangels Antragstellung im September kein Arbeitslosengeld.

In diesem Zusammenhang folgendes Erlebnis:

Ich vertrat einen schwer kranken Sozialhilfeempfänger. Als ich die Behördenmitarbeiterin darauf hinwies, dass mein Mandant aufgrund seiner Krankheit zusätzliche Ansprüche habe und warum man ihn nicht darüber aufgeklärt habe, sagte mir diese Mitarbeiterin: *„Wenn wir die Leute über alle Leistungen aufklären würden, auf die sie Anspruch haben, würden diese ja entsprechende Anträge stellen"* *(Anmerkung von mir: und das würde den Staat ja Geld kosten).*

Ausfüllung von Formularen

Natürlich benötigt das Amt/die Behörde zur Prüfung, ob ein Anspruch auf die beantragte Leistung (Rente, Arbeitslosengeld, Sozialhilfe etc.) besteht, entsprechende Angaben. Hierzu werden Formulare ausgegeben. Diese sind dann entsprechend auszufüllen und zusammen mit den notwendigen Belegen der Behörde zu übergeben.

Machen Sie sich Kopien des vollständigen Antrags/der Antragsformulare, nehmen Sie einen Zeugen zur Behörde mit und lassen Sie sich bestätigen, dass und welche Unterlagen genau abgegeben worden sind. Vertrauen Sie nicht darauf, dass die Behörde, der Behördenmitarbeiter wirklich Ihre oder all Ihre Unterlagen zu den Akten nimmt.

Oft sind die Antragsformulare unverständlich. Ein Normalbürger bzw. jemand ohne juristische Kenntnisse hat Schwierigkeiten, diese Formulare richtig auszufüllen.

Sie können selbstverständlich Zusatzblätter verwenden und diese dem Antrag beifügen. Dies ist oft schon deshalb notwendig, da die Zeilen, die Sie ausfüllen sollen, oft zu klein sind, so dass Sie nicht alle Angaben direkt in das Formular schreiben können. Oft sind Fragen enthalten, die unklar sind. Wenn Sie sich unsicher sind, machen Sie einen Vermerk: „Siehe Beiblatt". Auf diesem Beiblatt schildern Sie, wie Sie denken, die Frage beantworten zu können. Verstehen Sie die Frage nicht, ist Ihnen diese unklar oder können Sie sie nicht beantworten, schreiben Sie dies in einem extra Begleitschreiben.

Zur Klarstellung, zur Verdeutlichung können Sie, wenn Fragen gestellt werden, die auf Ihren Fall nicht zutreffen, bei der Antwort zur betreffenden Frage noch einen großen Querstrich machen.

Sie können zwar mit dem Fragebogen vorsprechen und nachfragen, was mit gewissen Fragen gemeint ist, passen Sie aber auf, was dann vom Behördenmitarbeiter niedergeschrieben wird.

Lassen Sie sich zeigen, was der Behördenmitarbeiter niedergeschrieben hat und korrigieren Sie dies gegebenenfalls.
In meiner Praxis ist es vorgekommen, dass ein Behördenmitarbeiter etwas rechtlich Nachteiliges aufgrund der Vorsprache meines Mandanten niedergeschrieben hat, mein Mandant mir jedoch mitgeteilt hat, dass er das nie gesagt habe. Im Nachhinein ist nicht zu beweisen, dass mein Mandant etwas anderes gesagt hat, als der Behördenmitarbeiter niedergeschrieben hat, da grundsätzlich dem, was ein Behördenmitarbeiter niederschreibt, Glauben geschenkt wird.

Entsprechendes gilt, wenn der Behördenmitarbeiter etwas in den Computer eingibt. Lassen Sie sich zeigen, was in den Computer eingegeben worden ist und bestehen Sie gegebenenfalls auf Korrektur. Lassen Sie sich am besten ausdrucken, was in den Computer eingegeben worden ist.

WIDERSPRUCH

Sind Sie mit einer Behördenentscheidung nicht einverstanden, haben Sie einen ablehnenden Bescheid schriftlich erhalten, können Sie dagegen Widerspruch einlegen.

Bedenkt man, dass immer neue Gesetze und Verwaltungsvorschriften erlassen sowie neuere Urteile gefällt werden, ist es auch nicht verwunderlich, dass die Behördenmitarbeiter nicht immer auf dem neuesten Stand sind. Hinzu kommt, dass man Gesetze verschieden auslegen kann und sogenannte Verwaltungsanweisungen zu Standardfällen bestehen, die grundsätzlich eher staats- als bürgerfreundlich sind. Es gilt der Spruch, wo zwei Juristen, da drei Meinungen. Die Behörden versuchen nach meiner Erfahrung teilweise, insbesondere durch Verwaltungsanweisungen oder interne, nichtschriftliche Anweisungen, die Mitarbeiter anzuhalten, dass möglichst sparsam Leistungen bewilligt werden. Sehr oft, insbesondere im Bereich von Hartz IV, wurden solche Anweisungen von Gerichten als rechtswidrig verworfen. Ja, es kommt sogar vor, dass Behördenmitarbeiter die Ausführungsbestimmungen oder Verwaltungsanweisungen bei Abfassung ihrer Bescheide nicht kennen oder ignorieren.

Grundsätzlich sollen Bescheide mit einer sogenannten Rechtsmittelbelehrung versehen sein. In dieser steht in der Regel, dass innerhalb eines Monats nach Zustellung des Bescheides Widerspruch eingelegt werden kann und bei welcher Behörde das erfolgen soll. Zur Einlegung eines Widerspruches gelten die gleichen Kriterien wie bei einer Antragstellung. Ein Widerspruch muss zunächst nicht begründet werden. Grundsätzlich besteht aufgrund der sogenannten Amtsermittlungspflicht keine Begründungspflicht.

Trotzdem sollte man den Widerspruch begründen, damit die Behörde Bescheid weiß, warum man der Meinung ist, der Bescheid wäre unrichtig. Diese Begründung kann bzw. sollte zeitnah nachgereicht werden. Wichtig ist, dass zunächst zur Fristwahrung Widerspruch gegen den Bescheid, der nicht voll dem entspricht, was man beantragt hat, eingelegt wird. Entsprechend dem nachstehenden Muster kann man natürlich auch schreiben, dass der Widerspruch zunächst nur zur Fristwahrung eingelegt wird.

Probleme bestehen oft hinsichtlich der fristgemäßen Einlegung des Widerspruchs. Der Widerspruch per Fax oder E-Mail ist im Sinne des Gesetzes kein ordnungsgemäßer Widerspruch. Jedoch kann das Fax als Nachweis dienen, dass, wenn ein Widerspruch eingelegt worden ist und dies bestritten wird, man den Widerspruch eingelegt hat. Man kann dann einen Antrag auf Wiedereinsetzung oder einen Überprüfungsantrag stellen (Näheres siehe weiter unten).

Die Einhaltung der Fristen bereitet immer wieder Probleme. Ein Irrtum besteht oft hinsichtlich der Widerspruchsfrist. Diese beträgt nicht vier Wochen, sondern einen Monat.

Haben Sie also einen Bescheid am 20.08.2018 erhalten, endet die Widerspruchsfrist am 20.09.2018. Beim Arbeitslosengeld 1 und Arbeitslosengeld 2 (Hartz IV) kommt es immer wieder vor, dass insbesondere in Mehrfamilienhäusern Post verloren geht oder nicht ankommt.
Grundsätzlich trifft den Antragsteller die Pflicht dafür Sorge zu tragen, dass er einen ordentlich beschrifteten Briefkasten hat.

Unklar ist oft, wann der entsprechende Bescheid zugegangen (in den Briefkasten eingeworfen) ist. Grundsätzlich gilt die gesetzliche Regelung, wonach drei Tage, nachdem der Bescheid bei der Post aufgegeben worden ist, er als zugestellt gilt. Trägt der Bescheid also das Datum 01.09.2018, so wird zugunsten der Behörde zunächst vermutet, dass der Bescheid am 04.09.2018 dem betreffenden Antragsteller zugegangen ist. Bestreitet man dies, muss die Behörde die Dokumentation des Postausganges nachweisen.

Damit man überhaupt nicht in diese Problematik gerät, rate ich grundsätzlich, die Monatsfrist so zu berechnen, dass man das Datum des Bescheides als maßgebliche Berechnung für die Widerspruchsfrist nimmt. Man sollte auch nicht fast bis zum Ende der Widerspruchsfrist mit der Einlegung des Widerspruches warten, sondern sollte unverzüglich nach Erhalt des Bescheides

Widerspruch einlegen. Dies auf jeden Fall immer, wenn dem Antrag nicht oder nicht voll entsprochen worden ist.

Bei einem Widerspruch verhält es sich wie bei einem Antrag. Ein Widerspruch muss zunächst nicht begründet werden. Es genügt also, wenn man einen Widerspruch an die Behörde zunächst gemäß nachfolgendem Muster richtet:

Absender: Max Mustermann   *Datum*
             Musterstraße 100
             99999 Musterstadt

An die Deutsche Rentenversicherung
......
Versicherungsnummer:

Hiermit erhebe ich, Max Mustermann, Musterstraße 100, 99999 Musterstadt, gegen den in Kopie beigefügten Bescheid vom....

Widerspruch.

Antragstellung und Begründung erfolgen mit gesondertem Schreiben.

Bitte bestätigen Sie mir den Eingang des Widerspruches.

Unterschrift

Natürlich gilt bei einem Widerspruch dasselbe wie bei einer Antragstellung. Damit die Behörde weiß, warum sie mit dem Bescheid nicht einverstanden sind, sollten Sie diesen begründen.

Spätestens bei der Abfassung des Antrages und der Begründung sollten Sie sich rechtskundig beraten lassen, aber **nicht** von dem Mitarbeiter des Amtes/ der Behörde.
Die Behörde will natürlich, dass ihr Bescheid Bestand hat und wird Sie eventuell nicht objektiv zu Ihren Gunsten, sondern zugunsten der Behörde beraten. Dies muss nicht mal absichtlich passieren. Die entsprechenden Behör-

den/Ämter oder Sozialversicherungsträger sind oft personell unterbesetzt und verfügen oft nicht über entsprechend geschulte Mitarbeiter. Dazu kommt, dass gerade im Sozialrecht sich laufend die Gesetze und Ausführungsbestimmungen ändern, ständig Gerichtsurteile ergehen, welche die bisherige Behördenpraxis als rechtswidrig betrachten.

Es ist schon kaum für einen Sozialrechtler, wie mich, möglich, immer auf dem neuesten Stand zu sein. Dies gilt noch viel mehr für die Behördenmitarbeiter, die meist keine Juristen sind und oft mit teils veralteten Dienstanweisungen arbeiten müssen. Gerade im Bereich von Hartz IV und der gesetzlichen Krankenversicherung handelt es sich per Gesetz bei vielen umstrittenen Entscheidungen nicht um sogenannte Ermessensentscheidungen, die der Mitarbeiter selbst vornehmen kann, sondern um Rechtsfragen. Im Zweifel muss eigentlich der Behördenmitarbeiter immer zugunsten des Staates entscheiden. Er unterliegt der Aufsicht, ebenso sein Vorgesetzter. Immer wieder kommt es zu Rügen des Rechnungshofes.

Gesetze enthalten oft sogenannte unbestimmte Rechtsbegriffe, die dann je nach Gusto des Mitarbeiters der Behörde bzw. nach den für die Mitarbeiter der Behörde verbindlichen Ausführungsbestimmungen bzw. innerdienstlichen Anweisungen entschieden werden. So mussten meine Mandanten z. B. bei der gesetzlichen Krankenversicherung die Erfahrung machen, dass sie bei Nachfrage unterschiedliche Auskünfte von verschiedenen Mitarbeitern erhielten. Telefonische Auskünfte, insbesondere wenn etwas zugesichert wird, entfalten keine Rechtswirkung, sind nicht rechtswirksam. Ein telefonisch gestellter Antrag gilt zunächst nicht als gestellt. Nur dann, wenn seitens der Behörde/des Sozialversicherungsträgers Ihnen gegenüber schriftlich etwas zugesichert und der Antrag bestätigt wird, können Sie sich darauf berufen. Entsprechendes gilt bei Widerspruch gegen einen Bescheid.

Ich halte seit über zehn Jahren Seminare in besonderen Bereichen des Sozialrechtes. Oft sind auch Behördenmitarbeiter anwesend. Ich habe auch gute Bekannte und Freunde, welche in Behörden tätig sind. Immer wieder wurde mir zugetragen, dass im Bereich der Sozialhilfe und Hartz IV diejenigen Mitarbeiter, die sich auskennen und den Antragstellern helfen, an andere Stellen versetzt werden. Denn diese freundlichen Mitarbeiter kosten dem Staat ja Geld. Es wurde mir sogar zugetragen, dass diejenigen

Mitarbeiter, die für solche Entscheidungen, bei denen die Antragsteller möglichst wenig Leistungen erhalten, bei Beförderungen bevorzugt werden.

Beispiel aus der Praxis:

Eine Mandantin stellte einen Antrag bei der Krankenkasse auf Übernahme von Behandlungskosten. Es erging ein ablehnender Bescheid. Daraufhin telefonierte die Mandantin mit der Krankenkasse. Der Mitarbeiter sagte ihr, man würde die Behandlungskosten übernehmen. Meine Mandantin vertraute darauf und legte gegen den ablehnenden Bescheid keinen Widerspruch ein.

Als sie dann nach einiger Zeit nochmals nachfragte, war die Widerspruchsfrist verstrichen und die Krankenkasse sagte, der Bescheid wäre rechtskräftig und die Krankenkasse würde nicht zahlen.

Soweit entsprechende Hilfsorganisation/Vereine bestehen, die Sie beraten und gegebenenfalls auch vertreten können (also Sozial- oder Wohlfahrtsverbände, wie z. B. der VdK, der SoVD – Sozialverband Deutschland e. V., die Gewerkschaften oder sonstige Beratungsstellen), sollten Sie deren Hilfe in Anspruch nehmen. Oft empfiehlt es sich jedoch, besser einen Rechtsanwalt zu beauftragen, insbesondere wenn es um existenzsichernde Leistungen geht. Im Bereich des Sozialrechts sind natürlich die Fachanwälte für Sozialrecht erste Wahl. Können Sie sich keinen Anwalt leisten, besteht im außer-/vorgerichtlichen Bereich die Möglichkeit, Beratungshilfe in Anspruch zu nehmen. Zuständig ist die Rechtsantragsstelle bei dem für Ihren Amtsgerichtsbezirk zuständigen Bereich. Bringen Sie den Bescheid, gegen den Sie vorgehen wollen und alle Unterlagen/Nachweise, einschließlich Mietvertrag, über Ihr Einkommen, Ihr Vermögen und Ihre Ausgaben mit. Haben Sie einen Beratungshilfeschein erhalten, vereinbaren Sie dann bei einem Rechtsanwalt einen Termin. Sagen Sie, dass Sie einen Beratungshilfeschein besitzen. Die Bereitschaft eines Rechtsanwaltes, Sie zu beraten, ist höher, wenn Sie dieses Dokument gleich mitbringen können. Ansonsten muss zunächst solch ein Antrag gestellt werden. Das erhöht zum einen den Arbeitsaufwand des Rechtsanwaltes, zum anderen weiß der Anwalt nicht, ob wirklich Beratungshilfe gewährt wird.

Das Gleiche gilt für die Prozesskostenhilfe. Hier ist die Rechtsantragsstelle des Gerichtes zuständig, bei dem eine Klage eingereicht werden muss. Für die Beratung zur Stellung eines Antrages gibt es keine Beratungshilfe. Hilfreich ist, wenn eine Rechtsschutzversicherung besteht. Leider haben viele Menschen nur eine Rechtsschutzversicherung, in denen im Verwaltungs- oder Sozialrecht der Versicherungsfall erst ab dem Klageverfahren eintritt. Überprüfen Sie deshalb genau, ob Ihre Rechtsschutzversicherung Kostendeckung bereits für das sogenannte Vorverfahren, also das Widerspruchsverfahren, übernimmt. Für eine vorsorgliche Beratung, wie man z. B. einen Antrag richtig stellt, übernimmt die Rechtsschutzversicherung grundsätzlich keine Anwaltskosten. Bedingung für den Eintritt einer Rechtsschutzversicherung ist immer, dass ein sogenannter Rechtsverstoß vorliegt. Dies kann allenfalls bei einer negativen Entscheidung der Behörde sein.

WIEDEREINSETZUNG IN DEN VORIGEN STAND

Hat man die Widerspruchsfrist versäumt und kann man geltend machen, dass man unverschuldet in diese Situation geraten ist, so besteht die Möglichkeit, einen Antrag auf Wiedereinsetzung in den vorigen Stand zu stellen. Wollen Sie die Wiedereinsetzung in den vorigen Stand beantragen, müssen Sie jedoch ebenfalls eine triftige Begründung vorbringen.

Folgende Gründe können beispielsweise in der Regel mit Erfolg geltend gemacht werden:
- längerer Aufenthalt im Krankenhaus, keine Möglichkeit der Kenntnisnahme der Post, vorübergehende Handlungsunfähigkeit
- längerer Gefängnisaufenthalt und fehlender Zugang zu den erhaltenen Postsendungen
- längere Urlaubsreise über den Zeitpunkt der Zustellung des Bescheids hinaus.

Andere Gründe sind grundsätzlich denkbar. Wichtig ist, dass Sie ohne eigenes Verschulden nicht in der Lage waren, den Bescheid (Widerspruchsbescheid) in Empfang zu nehmen und entsprechend darauf zu reagieren. Diese Gründe müssen glaubhaft gemacht werden (bewiesen werden können), z. B. mit einem Nachweis des Krankenhausaufenthaltes und einer ärztlichen Bescheinigung. Dabei ist aber zu beachten, dass grundsätzlich jede im Haushalt lebende volljährige Person entsprechende Schreiben/Bescheide entgegenneh-men kann. Es braucht dann schon eine besondere Begründung. Zur Glaub-haftmachung kann auch eine eidesstaatliche Versicherung eines Zeugen/einer Zeugin vorgelegt werden.

Nachfolgend die entsprechende Vorschrift im Sozialrecht:

---

§ 27 SGB X Wiedereinsetzung in den vorigen Stand

(1) War jemand ohne Verschulden verhindert, eine gesetzliche Frist einzuhal-ten, ist ihm auf Antrag Wiedereinsetzung in den vorigen Stand zu gewähren. Das Verschulden eines Vertreters ist dem Vertretenen zuzurechnen.
(2) Der Antrag ist innerhalb von zwei Wochen nach Wegfall des Hindernis-ses zu stellen. Die Tatsachen zur Begründung des Antrages sind bei der Antragstellung oder im Verfahren über den Antrag glaubhaft zu machen. Innerhalb der Antragsfrist ist die versäumte Handlung nachzuholen. Ist dies geschehen, kann Wiedereinsetzung auch ohne Antrag gewährt werden.
(3) Nach einem Jahr seit dem Ende der versäumten Frist kann die Wieder-einsetzung nicht mehr beantragt oder die versäumte Handlung nicht mehr nachgeholt werden, außer wenn dies vor Ablauf der Jahresfrist infolge höherer Gewalt unmöglich war.
(4) Über den Antrag auf Wiedereinsetzung entscheidet die Behörde, die über die versäumte Handlung zu befinden hat.
(5) Die Wiedereinsetzung ist unzulässig, wenn sich aus einer Rechts-vorschrift ergibt, dass sie ausgeschlossen ist.

Entsprechende Regelungen bestehen im Verwaltungsrecht (§ 32 VVfG Ver-waltungsverfahrensgesetz), in Steuerangelegenheiten (§ 110 AO – Abgaben-ordnung) und Ordnungswidrigkeitengesetz (§ 52 OWiG).

Muster für den Wiedereinsetzungsantrag

[Anschrift des Antragstellers]
[Anschrift der Behörde]
[Ort, Datum]
Antrag auf Wiedereinsetzung in den vorigen Stand
Az: ....
Bescheid vom ...

Sehr geehrte Damen und Herren

hiermit beantrage ich hinsichtlich der Versäumung der Widerspruchs/
Einspruchsfrist gegen den Bescheid vom ....., Az: Wiedereinsetzung in den
vorigen Stand, da ich die Widerspruchs(Einspruchs)frist unverschuldet
versäumt habe.
Ich erhebe gegen den in der Anlage, in Kopie beigefügten Bescheid vom ......,
Az.:

Widerspruch/Einspruch.

Begründung:
Das unverschuldete Versäumnis ist nachvollziehbar zu begründen, z. B.:
Vom (Datum) bis zum (Datum) war ich im Urlaub in ..... Zum Nachweis
füge ich die Bestätigung des Reisebüros (Hotelrechnung, eidesstaatliche
Versicherung etc.) bei. In diesem Zeitraum wurde der oben genannte
Bescheid zugestellt, nämlich am (Datum). Hiervon erfuhr ich erst am ......
(Die Umstände näher schildern.)

ÜBERPRÜFUNGSANTRAG

Leserfrage an das Team „Verbraucherexperte Escher"

Karin W. aus Grimma:
„Bei mir wurde letztes Jahr Krebs diagnostiziert. Es folgten jede Menge
Anträge bei Krankenkasse und Behörden, weil es nicht nur um mein Leben,
sondern auch um die Existenz ging. Nichts, auch im Zusammenhang mit
der Krankheit, läuft automatisch. Jeder zweite Antrag wurde abgelehnt, es

folgten Widersprüche. In den erneuten Ablehnungen stand häufig, dass man gegen diesen Bescheid keinen Widerspruch mehr einlegen darf, aber gern Klage beim Sozialgericht einreichen kann. Ich konnte mir in dem Zustand nicht vorstellen, dann noch vor das Sozialgericht zu ziehen. Mir fehlte einfach die Kraft zu kämpfen. Also habe ich hingeschmissen und mir die Ablehnung gefallen lassen. Was raten Sie mir und anderen, können Sie uns Mut machen?"

Zunächst ist darauf hinzuweisen, dass eine Klage relativ einfach zu erheben ist (zur Klage siehe weiter unten) und dass eine Reihe von Unterstützungsmöglichkeiten vorhanden sind, wie z. B. der Sozialverband VdK, der SoVD-Sozialverband Deutschland e.V., Gewerkschaften oder sonstige Beratungsstellen. Gegen eine geringe Gebühr können Sie dort Mitglied werden und sich dann entsprechend auch vor Gericht vertreten lassen. Eine andere Möglichkeit besteht darin, wenn Sie sich um die Behördenangelegenheiten nicht ausreichend kümmern können, eine Vertrauensperson zu bevollmächtigen, Ihre Angelegenheiten zu regeln. Möglich ist auch, beim zuständigen Betreuungsgericht zu beantragen, dass das Gericht einen speziellen Betreuer mit der Aufgabe „Vertretung vor Behörden" für Sie bestellt.

Über die Bestellung eines Betreuers durch das Betreuungsgericht bestehen vielfach sehr große Irrtümer und Unsicherheiten. Der vom Gericht bestellte Betreuer ist kein Vormund. Er schreibt Ihnen also nicht vor, was Sie generell zu tun oder zu lassen haben, sondern soll Ihnen in Angelegenheiten, in denen Sie sich nicht mehr ausreichend um sich selbst kümmern können, helfen. Die vom Gericht bestellten Betreuer sind entsprechend geschult. Sie kümmern sich um spezielle Angelegenheiten, wie Widersprüche von Behörden, Klagen etc. Die Aufträge übernehmen sie in Ihrer Vertretung und gegebenenfalls gemeinsam mit einem Rechtsanwalt.

Haben Sie die Frist zur Erhebung einer Klage versäumt bzw. es versäumt, gegen einen negativen Bescheid Widerspruch zu erheben (zur Klage siehe weiter unten), besteht keine Möglichkeit mehr, einen erfolgreichen Wiedereinsetzungsantrag zu stellen. Doch es gibt noch die Chance, insbesondere im Sozialrecht, durch einen sogenannten **Überprüfungsantrag** den negativen Bescheid nochmals überprüfen zu lassen. Hierbei gelten im Sozialrecht, anders als im normalen Verwaltungsrecht, nicht so strenge Vorschriften.

§ 44 Sozialgesetzbuch X

Rücknahme eines rechtswidrigen nicht begünstigenden Verwaltungsaktes
(1) [1]Soweit sich im Einzelfall ergibt, dass bei Erlass eines Verwaltungsaktes das Recht unrichtig angewandt oder von einem Sachverhalt ausgegangen worden ist, der sich als unrichtig erweist, und soweit deshalb Sozialleistungen zu Unrecht nicht erbracht oder Beiträge zu Unrecht erhoben worden sind, ist der Verwaltungsakt, auch nachdem er unanfechtbar geworden ist, mit Wirkung für die Vergangenheit zurückzunehmen. [2]Dies gilt nicht, wenn der Verwaltungsakt auf Angaben beruht, die der Betroffene vorsätzlich in wesentlicher Beziehung unrichtig oder unvollständig gemacht hat.
(2) [1]Im Übrigen ist ein rechtswidriger, nicht begünstigender Verwaltungsakt, auch nachdem er unanfechtbar geworden ist, ganz oder teilweise mit Wirkung für die Zukunft zurückzunehmen. [2]Er kann auch für die Vergangenheit zurückgenommen werden.
(3) Über die Rücknahme entscheidet nach Unanfechtbarkeit des Verwaltungsaktes die zuständige Behörde; dies gilt auch dann, wenn der zurückzunehmende Verwaltungsakt von einer anderen Behörde erlassen worden ist.
(4) [1]Ist ein Verwaltungsakt mit Wirkung für die Vergangenheit zurückgenommen worden, werden Sozialleistungen nach den Vorschriften der besonderen Teile dieses Gesetzbuches längstens für einen Zeitraum bis zu vier Jahren vor der Rücknahme erbracht. [2]Dabei wird der Zeitpunkt der Rücknahme von Beginn des Jahres angerechnet, in dem der Verwaltungsakt zurückgenommen wird. [3]Erfolgt die Rücknahme auf Antrag, tritt bei der Berechnung des Zeitraumes, für den rückwirkende Leistungen zu erbringen sind, anstelle der Rücknahme der Antrag.

Das Besondere im Sozialrecht ist, anders als im Verwaltungsrecht, dass man bei einem Überprüfungsantrag auch von Anfang an bekannte Gründe, die für einen unrichtigen Bescheid sprechen (Rechtswidrigkeit des Bescheides), beim Überprüfungsantrag geltend machen kann. Im normalen Verwaltungsrecht ist dies strenger geregelt. Dort kann man einen Antrag auf Wiederaufgreifen des Verfahrens (Überprüfungsantrag) im Prinzip nur dann erfolgreich stellen, wenn die Gründe, die man geltend macht, dass der Bescheid unrichtig (rechtswidrig) ist, **nachträglich** entstanden sind bzw. nachträglich bekannt werden.

In Steuerangelegenheiten besteht dann eine Besonderheit, wenn ein Steuerbescheid unter dem Vorbehalt der Nachprüfung ergeht. Hier kann man dann noch bis zur sogenannten Festsetzungsverjährung (in der Regel vier Jahre) nachträglich steuerlich relevante Sachverhalte geltend machen, die man vergessen hat, in seiner Steuererklärung zu berücksichtigen.

Verwaltungsverfahrensgesetz (VwVfG)

---

§ 51 Wiederaufgreifen des Verfahrens

(1) Die Behörde hat auf Antrag des Betroffenen über die Aufhebung oder Änderung eines unanfechtbaren Verwaltungsaktes zu entscheiden, wenn
  1. *sich die dem Verwaltungsakt zugrunde liegende Sach- oder Rechtslage nachträglich zugunsten des Betroffenen geändert hat;*
  2. *neue Beweismittel vorliegen, die eine dem Betroffenen günstigere Entscheidung herbeigeführt haben würden;*
  3. *Wiederaufnahmegründe entsprechend § 580 der Zivilprozessordnung gegeben sind.*

(2) Der Antrag ist nur zulässig, wenn der Betroffene ohne grobes Verschulden außerstande war, den Grund für das Wiederaufgreifen in dem früheren Verfahren, insbesondere durch Rechtsbehelf, geltend zu machen.

(3) Der Antrag muss binnen drei Monaten gestellt werden. Die Frist beginnt mit dem Tage, an dem der Betroffene von dem Grund für das Wiederaufgreifen Kenntnis erhalten hat.

(4) Über den Antrag entscheidet die nach § 3 zuständige Behörde; dies gilt auch dann, wenn der Verwaltungsakt, dessen Aufhebung oder Änderung begehrt wird, von einer anderen Behörde erlassen worden ist.

(5) Die Vorschriften des § 48 Abs. 1 Satz 1 und des § 49 Abs. 1 bleiben unberührt.

Muster eines Überprüfungsantrages im Sozialrecht:

Absender: Max Mustermann (Adresse)   *Datum*

An (z.B. Jobcenter, DRV etc.)
Musterstraße
Musterstadt

Az: XY

Überprüfungsantrag

Hiermit stelle ich den Antrag auf Überprüfung des in der Anlage beigefügten Bescheides vom …

<u>Begründung:</u>

...

Unterschrift

Es versteht sich von selbst, dass man einen Überprüfungsantrag entsprechend sorgfältig begründet.

Stellt man einen Überprüfungsantrag und wird diesem stattgegeben, so erhält man nachträglich die Leistungen, auf die man Anspruch hatte, die aber zunächst versagt worden sind, grundsätzlich rückwirkend nur bis zum Eintritt der Verjährung. Das sind in der Regel vier Jahre (§ 44 Abs. 4 S. 1 SGB X). Teilweise ist die Rückwirkung einer Überprüfung nach § 44 SGB X eingeschränkt, insbesondere im Hartz IV (SGB II) werden nach § 40 Abs. 1 SGB II Leistungen maximal für ein Jahr rückwirkend erbracht.

Achtung, das Gesetz ist etwas kompliziert gefasst. Im Extremfall werden Leistung im SGB II (Hartz IV) oder der Sozialhilfe rückwirkend für ein Jahr und elf Monate erbracht. Das bedeutet, dass für den Betroffenen, der einen Überprüfungsantrag stellt und Leistungsempfänger im Sinne des SGB II oder SGB XII ist, bei Antragseingang bis beispielsweise 31.12.2018 längstens der Zeitraum bis 01.01.2017 berücksichtigt werden muss. Dies wird vielfach falsch von den Jobcentern gehandhabt.

MITWIRKUNGSPFLICHTEN

Leserfrage an das Team „Verbraucherexperte Escher"

Sandra R. aus Naunhof:

„Mit 45 Jahren erhielt ich die Diagnose Lymphdrüsenkrebs und bin krankgeschrieben. Während der Chemotherapie zwischen Zyklus 2 und 3 sowie 3 und 4 ist es mir passiert, dass ich den Durchschlag der Krankschreibung nicht innerhalb von 7 Tagen bei meiner Krankenkasse abgegeben habe. Es war die schwerste Zyklusphase in der Therapie. Leider musste ich mich in der für mich und meine Familie schlimmen Zeit mit so vielen Nebenwirkungen plagen, dass ich teilweise tagelang nicht fähig war, das Schlafzimmer zu verlassen. Mein Mann hatte in dieser Zeit doppelte Belastung durch seine Vollzeitbeschäftigung und die Pflege von mir und unseren Kindern, 6 und 7 Jahre. Es war keine leichte Zeit, und in unserem Umfeld nahmen viele auf unsere Situation Rücksicht. Nicht so meine Krankenkasse, die mir gleich zweimal das Krankengeld strich. Denn die Verspätung erfolgte im März mit vier und im April mit drei Tagen. Die Kassenmitarbeiterin hat mich jedoch erst nach dem zweiten Mal mit beiden Bescheiden und gleichem Datum auf die Streichung hingewiesen. Sodass wir während der Chemotherapie mit hälftigen Unterstützungsleistungen in zwei Monaten auskommen mussten (elf und zwölf Tage Einbehalt). Die Angelegenheit belastet meine Genesung sehr und die Kasse hat trotz der Erklärungen in letzter Instanz den Widerspruch abgelehnt. Für uns ist beim besten Willen nicht nachvollziehbar, warum hier nicht unterschieden wird zwischen einer lebensbedrohlichen Krankheit und anderen Krankheiten und der nicht eingehaltenen Vorschrift. Weiterhin liegt eine fortlaufende Krankschreibung vor, die ich monatlich immer zuverlässig eingeholt habe und die die Zahlung meiner gesetzlichen Leistung (für die ich viele Jahre bereits eingezahlt habe) rechtfertigt. Laut Begründung der Widerspruchsablehnung gebe es rechtlich keine andere Möglichkeit, als die verspätete Abgabe der Krankschreibung durch teilweise Streichung des Krankengeldes zu ahnden. Ich bin enttäuscht vom sturen Verhalten meiner Krankenkasse, rein menschlich gesehen ist das Vorgehen absolut unglaublich! Haben die Mitarbeiter keinerlei Ermessensspielraum, keine Möglichkeit, eine Einzelfallentscheidung zugunsten einer schwerkranken Patientin zu fällen? Rangiert in unseren Behörden Gesetzestreue vor Menschlichkeit?"

In den §§ 60–67 SGB I (allgemeiner Teil des Sozialgesetzbuches) sind die sogenannten Mitwirkungspflichten geregelt (die einzelnen Paragrafen sind am Ende dieses Buches aufgeführt). Grundsätzlich verliert man den Anspruch auf Leistungen, wenn man seinen Mitwirkungspflichten nicht nachkommt.

Da es jedoch Ausnahmesituationen gibt, regelt das Gesetz in den §§ 65 und 67 SGB I, in welchen Fällen man dennoch Leistungen erhält, wenn man seiner Mitwirkungspflicht nicht nachgekommen ist bzw. in denen der Mitwirkungspflicht Grenzen gesetzt sind. In diesem Fall von Frau Sandra R. aus Naunhof findet § 65 Abs. 1 S. 1 Nr. 2 SGB I Anwendung.

> *(1) Die Mitwirkungspflichten nach den §§ 60 bis 64 bestehen nicht, soweit*
> *1. …….*
> *2. ihre Erfüllung dem Betroffenen aus einem wichtigen Grund nicht zugemutet werden kann oder*

Daher muss die Krankenkasse nach § 67 SGB I das Krankengeld nachträglich auszahlen.

Nach der gesetzlichen Regelung in § 49 Absatz 1 Nr. 5 SGB V ruht der Anspruch auf Krankengeld, „solange die Arbeitsunfähigkeit der Krankenkasse nicht gemeldet wird; dies gilt nicht, wenn die Meldung innerhalb einer Woche nach Beginn der Arbeitsunfähigkeit erfolgt."

Bei der genannten Frist von einer Woche handelt es sich um eine sogenannte Ausschlussfrist. Hat man seine Arbeitsunfähigkeitsbescheinigung nicht innerhalb einer Woche nach Ausstellung der Bescheinigung bei der Krankenkasse eingereicht, wird das Krankengeld erst ab Vorlage der Krankmeldung weitergezahlt. Kommt außerdem noch eine Krankschreibungslücke hinzu, d. h. schließt das Datum der Bescheinigung nicht an das Datum (oder den nächsten Werktag) der vorangegangenen Bescheinigung an, kann man den Krankengeldanspruch ganz verlieren.

Meist erfährt man erst nach Verstreichen der Wochenfrist der Krankenkasse, dass eine Krankmeldung nicht eingegangen ist. Ähnliches kommt immer wieder bei den Meldeaufforderungen etc. des Jobcenters oder des Arbeitsamtes/ Arbeitsagentur vor. Hier sollte man unverzüglich einen Antrag auf Wiedereinsetzung stellen und auch darauf hinweisen, wenn zutreffend, wie in diesem Fall, dass eine unverschuldete Verletzung der Mitwirkungspflicht vorlag.

Drängen Sie auf eine rasche Behördenentscheidung – Behörden müssen innerhalb von gesetzlichen Fristen entscheiden.

Entscheidet eine Behörde ohne ausreichenden Grund nicht **innerhalb von sechs Monaten** über Antrag oder einen Überprüfungsantrag nach § 44 SGB X, kann gegen die Behörde eine sogenannte Untätigkeitsklage erhoben werden (§ 88 Abs. 1 SGG). Deren Ziel ist es, die untätige Behörde zur Entscheidung über den Antrag gerichtlich zu zwingen. Über einen Widerspruch muss die Behörde grundsätzlich innerhalb von drei Monaten entscheiden. Wird diese Frist verstrichen, kann man ebenfalls Untätigkeitsklage erheben.

Ich verwende oft die Untätigkeitsklage bzw. die Möglichkeit des Antrages auf einstweilige Anordnung. Ich drohe vorher der Behörde die Untätigkeitsklage oder den Antrag auf einstweilige Anordnung an und setzte eine kurze Frist zur Entscheidung von maximal zehn Tagen. Dies hilft in den meisten Fällen. Die Untätigkeitsklage oder ein Antrag auf einstweilige Anordnung (dazu weiter unten) erledigt sich dann.

Eine Ausnahme besteht bei der Ablehnung von Leistung beim ALG II (Hartz IV) oder der Sozialhilfe. Wird der Antrag zurückgewiesen bzw. werden zu niedrige Leistungen gewährt, erhebe ich Widerspruch und stelle sofort beim Sozialgericht Antrag auf einstweilige Anordnung mit dem Antrag auf vorläufige Gewährung der Leistung. Das bedeutet, bis zu einer Entscheidung in der Hauptsache werden die beantragten Leistungen einstweilen gewährt. Nur so kann ich letzten Endes die akute Notlage nachvollziehbar begründen. Warte ich den Erlass eines Widerspruchsbescheides ab, so dauert das mindestens drei Monate. Erhebe ich dann Klage, kommt es erst vielleicht zwei Jahre nach dem negativen Bescheid zu einem für meinen Mandanten, dem Antragsteller, positiven Bescheid.

Wenn eine absolute Notlage besteht und es für den Betreffenden unzumutbar ist, die Sechs-Monatsfrist bis zum Erlass des Bescheides abzuwarten, besteht auch die Möglichkeit, einen Antrag auf Vorschussleistung zu stellen. Alternativ ist es auch möglich zu beantragen, dass bis zu einer endgültigen Entscheidung die Sozialhilfe/das Arbeitslosengeld 2 darlehensweise gezahlt wird.

Dazu folgender Fall:

> *Meine Mandantin war Sozialhilfeempfängerin. Ihr wurde eine gemein-*
> *nützige Arbeit mit einer gewissen Entlohnung in einem Altenheim*
> *auferlegt. Sie musste hier schwer heben, von ihrem Arzt wurde sie mehr-*
> *fach krankgeschrieben und der Arzt stellte auch ein Attest aus, dass meine*
> *Mandantin diese schwere Arbeit nicht verrichten könne. Ich legte dagegen*
> *erfolglos Widerspruch ein und erhob dann Klage zum Verwaltungsgericht*
> *(damals war das Verwaltungsgericht zuständig). Nach zwei Jahren fand*
> *die Gerichtsverhandlung statt. Grundsätzlich gaben die Richter meiner*
> *Mandantin recht, gleichwohl erhielt sie keine Sozialhilfe. Die Begründung*
> *der Richter war, meine Mandantin konnte ja auch ohne Sozialhilfe leben,*
> *anders ausgedrückt, da sie nicht verhungert war, hatte sie keinen An-*
> *spruch auf Sozialhilfe.*

In meiner Praxis kommt es immer wieder vor, dass innerhalb von sechs Monaten über Anträge nicht entschieden wird bzw. dass innerhalb von drei Monaten nicht über einen Widerspruch, obwohl dieser begründet worden ist, entschieden wird. Manchmal entsteht der Eindruck, die Behörden schieben Entscheidungen auf die lange Bank in der Hoffnung, der Antragsteller oder Widerspruchsführer (so nennt man denjenigen, der Widerspruch einge-legt hat) würde schon von allein aufgeben. So hat die Behörde Zeit und Geld gespart.

Da die Antragstellung bzw. das Ausfüllen notwendiger Formulare für die meisten Betroffenen schwierig und in der Regel ein Nichtjurist überfordert ist, sollten Sie bereits bei der Ausfüllung der Antragsformulare sachkundi-ge Beratung in Anspruch nehmen. Ein Beteiligter kann sich – wie im ge-samten Sozialverfahren – im Antragsverfahren durch einen Bevollmäch-tigten vertreten lassen (§ 13 Abs. 1 S. 1 SGB X), insbesondere natürlich durch einen Rechtsanwalt, aber auch Sozial- und Wohlfahrtsverbände etc. (s. o.).

Im Bereich von Arbeitslosengeld 1 und insbesondere Hartz IV sowie der Sozialhilfe existieren zumindest in den Städten entsprechende Arbeitslosen-hilfe- und Sozialhilfevereine. Diese sind in der Regel bei der Ausfüllung von Sozialhilfeanträgen behilflich. Zu nennen ist hier auch die Caritas und die AWO. Besonders verdient hat sich der Verein Tacheles e.V. (https://tachelessozialhilfe.de), der im Internet sehr gute Ratschläge und Informationen gibt und auch auf Anfrage Beratungsstellen etc. nennen kann.

Für das Verfahren vor der Behörde und vor dem Sozialgericht ist die Vertretung durch einen Rechtsanwalt nicht vorgeschrieben. Man kann jede Vertrauensperson dazu bevollmächtigen.

Gesetz über außergerichtliche Rechtsdienstleistungen
(Rechtsdienstleistungsgesetz – RDG)

---

§ 6 Unentgeltliche Rechtsdienstleistungen

(1) Erlaubt sind Rechtsdienstleistungen, die nicht im Zusammenhang mit einer entgeltlichen Tätigkeit stehen (unentgeltliche Rechtsdienstleistungen).
(2) Wer unentgeltliche Rechtsdienstleistungen außerhalb familiärer, nachbarschaftlicher oder ähnlich enger persönlicher Beziehungen erbringt, muss sicherstellen, dass die Rechtsdienstleistung durch eine Person, der die entgeltliche Erbringung dieser Rechtsdienstleistung erlaubt ist, durch eine Person mit Befähigung zum Richteramt oder unter Anleitung einer solchen Person erfolgt. Anleitung erfordert eine an Umfang und Inhalt der zu erbringenden Rechtsdienstleistungen ausgerichtete Einweisung und Fortbildung sowie eine Mitwirkung bei der Erbringung der Rechtsdienstleistung, soweit dies im Einzelfall erforderlich ist.

Ist für das Verfahren ein Bevollmächtigter bestellt, muss sich die Behörde an ihn wenden. Sie kann sich auch an den Beteiligten selbst wenden, soweit er zur Mitwirkung verpflichtet ist. Wendet sich die Behörde an den Beteiligten, muss der Bevollmächtigte aber verständigt werden (§ 13 Abs. 3 S. 1–3 SGB X). Ein Beteiligter kann zu Verhandlungen und Besprechungen mit einem Beistand erscheinen (§ 13 Abs. 4 S. 1 SGB X). Entsprechende Regelungen bestehen im Verwaltungsrecht. Dieser Beistand kann jede Vertrauensperson sein.

Grundsätzlich empfiehlt es sich, der Vertrauensperson eine schriftliche Vollmacht zu erteilen und in dieser Vollmacht darauf hinzuweisen, dass Zustellungen grundsätzlich nur an den Bevollmächtigten zu erfolgen haben.

Muster einer Vollmacht:

Vollmacht

Hiermit bevollmächtige ich, Max Mustermann, Hauptstraße 100, 99999 Musterstadt

Herrn (Namen, Adresse)

mich gegenüber dem Jobcenter Musterstadt (DRV, AOK etc.) zu vertreten. Ich entbinde ihn vom Sozialgeheimnis.
Zustellungen sind an meinen Bevollmächtigten vorzunehmen.

Datum …

Unterschrift
Max Mustermann

Die Entbindung vom Sozialgeheimnis muss erfolgen, da sonst das Amt/die Behörde keine Auskunft erteilen darf. Es empfiehlt sich, diese Vollmacht notariell beglaubigen zu lassen. Gegebenenfalls kann man auch mit dem Bevollmächtigten bei der Behörde persönlich vorsprechen und diese Vollmacht dort beglaubigen lassen. (Das macht aber nicht jede Behörde.)

Wird der Antragsteller/Widerspruchsführer/Kläger direkt angeschrieben und der Bevollmächtigte nicht verständigt, so gilt das entsprechende Schreiben als nicht zugestellt bzw. löst keine Frist aus. Erst mit Kenntnisnahme des Schreibens durch den Bevollmächtigten beginnt die entsprechende Frist zu laufen.

KLAGE – ANTRAG AUF EINSTWEILIGE ANORDNUNG

Vorbemerkung

Gegen einen negativen Widerspruchsbescheid (Einspruchsentscheidung des Finanzamtes) kann man innerhalb eines Monats nach Zustellung des Widerspruchs/Einspruchsbescheides Klage erheben. Diese Klage kann man selbst einreichen. Die Vertretung durch einen Rechtsanwalt in erster Instanz vor dem Sozialgericht, vor den Verwaltungsgerichten sowie vor dem Finanzgericht ist nicht vorgeschrieben. Grundsätzlich empfiehlt es sich, auch wenn die Vertretung durch einen Rechtsanwalt nicht vorgeschrieben ist, sich dennoch durch einen Anwalt vertreten zu lassen. Er kennt sich in der Rechtsmaterie einfach besser aus. Die Gesetze und deren Auslegung sind oft kompliziert. Nicht ohne Grund sagt man: „Zwei Juristen – drei Meinungen".

Wichtig ist aber zu wissen, dass man **zunächst fristwahrend** beim zuständigen Gericht die Klage gegen ein Widerspruchsbescheid oder eine Einspruchsentscheidung selbst einlegen kann. Wie bei einem Widerspruch braucht man zur fristwahrenden Klage diese zunächst nicht zu begründen. Man kann sich dann immer noch von einem Rechtsanwalt beraten lassen. Mit dem Nachweis der Zustellung verhält es sich ebenso wie beim Widerspruch. Dessen Regeln gelten ebenso bei einer Klage, einschließlich des Antrages auf Überprüfung eines Bescheides.

Hat man die Klagefrist versäumt – das Gericht weist daraufhin –, so besteht zunächst die Möglichkeit, einen Antrag auf Wiedereinsetzung in den vorigen Stand und Zulassung der verspäteten Klage zu stellen. Hier gelten im sozialgerichtlichen, verwaltungsgerichtlichen und finanzgerichtlichen Verfahren im Prinzip die gleichen Regelungen. Insbesondere existieren die gleichen Verfahrensregelungen wie beim Wiedereinsetzungsantrag bei der Versäumung der Widerspruchsfrist.

§ 67 Sozialgerichtsgesetz

(1) Wenn jemand ohne Verschulden verhindert war, eine gesetzliche Verfahrensfrist einzuhalten, so ist ihm auf Antrag Wiedereinsetzung in den vorigen Stand zu gewähren.

(2) [1]Der Antrag ist binnen eines Monats nach Wegfall des Hindernisses zu stellen. [2]Die Tatsachen zur Begründung des Antrags sollen glaubhaft gemacht werden. [3]Innerhalb der Antragsfrist ist die versäumte Rechtshandlung nachzuholen. [4]Ist dies geschehen, so kann die Wiedereinsetzung auch ohne Antrag gewährt werden.

(3) Nach einem Jahr seit dem Ende der versäumten Frist ist der Antrag unzulässig, außer wenn der Antrag vor Ablauf der Jahresfrist infolge höherer Gewalt unmöglich war.

(4) [1]Über den Wiedereinsetzungsantrag entscheidet das Gericht, das über die versäumte Rechtshandlung zu befinden hat. [2]Der Beschluß, der die Wiedereinsetzung bewilligt, ist unanfechtbar.

§ 60 Verwaltungsgerichtsordnung (Wiedereinsetzung in den vorigen Stand)

(1) Wenn jemand ohne Verschulden verhindert war, eine gesetzliche Frist einzuhalten, so ist ihm auf Antrag Wiedereinsetzung in den vorigen Stand zu gewähren.

(2) [1]Der Antrag ist binnen zwei Wochen nach Wegfall des Hindernisses zu stellen; bei Versäumung der Frist zur Begründung der Berufung, des Antrags auf Zulassung der Berufung, der Revision, der Nichtzulassungsbeschwerde oder der Beschwerde beträgt die Frist einen Monat. [2]Die Tatsachen zur Begründung des Antrags sind bei der Antragstellung oder im Verfahren über den Antrag glaubhaft zu machen. [3]Innerhalb der Antragsfrist ist die versäumte Rechtshandlung nachzuholen. [4]Ist dies geschehen, so kann die Wiedereinsetzung auch ohne Antrag gewährt werden.

(3) Nach einem Jahr seit dem Ende der versäumten Frist ist der Antrag unzulässig, außer wenn der Antrag vor Ablauf der Jahresfrist infolge höherer Gewalt unmöglich war.

(4) Über den Wiedereinsetzungsantrag entscheidet das Gericht, das über die versäumte Rechtshandlung zu befinden hat.

(5) Die Wiedereinsetzung ist unanfechtbar.

> **§ 56 Finanzgerichtsordnung:**
>
> *(1) Wenn jemand ohne Verschulden verhindert war, eine gesetzliche Frist einzuhalten, so ist ihm auf Antrag Wiedereinsetzung in den vorigen Stand zu gewähren.*
>
> *(2) ¹Der Antrag ist binnen zwei Wochen nach Wegfall des Hindernisses zu stellen; bei Versäumung der Frist zur Begründung der Revision oder der Nichtzulassungsbeschwerde beträgt die Frist einen Monat. ²Die Tatsachen zur Begründung des Antrags sind bei der Antragstellung oder im Verfahren über den Antrag glaubhaft zu machen. ³Innerhalb der Antragsfrist ist die versäumte Rechtshandlung nachzuholen. ⁴Ist dies geschehen, so kann Wiedereinsetzung auch ohne Antrag gewährt werden.*
>
> *(3) Nach einem Jahr seit dem Ende der versäumten Frist kann Wiedereinsetzung nicht mehr beantragt oder ohne Antrag bewilligt werden, außer wenn der Antrag vor Ablauf der Jahresfrist infolge höherer Gewalt unmöglich war.*
>
> *(4) Über den Antrag auf Wiedereinsetzung entscheidet das Gericht, das über die versäumte Rechtshandlung zu befinden hat.*
>
> *(5) Die Wiedereinsetzung ist unanfechtbar.*

Nach dem Antrag auf Wiedereinsetzung muss man nochmals die Klage erheben (Innerhalb der Antragsfrist ist die versäumte Rechtshandlung nachzuholen). Grundsätzlich ist im Sozialrecht – bis auf einige Ausnahmen, wie z. B. in Angelegenheiten der Jugendhilfe und beim BAföG – das Verwaltungsgericht, in Angelegenheiten des Kindergeldes das Finanzgericht zuständig. Welches Gericht zuständig ist, steht auch in der Rechtsmittelbelehrung des Widerspruchsbescheides.

In der Sozialgerichtsbarkeit besteht die Möglichkeit, persönlich bei der Rechtsantragsstelle des Sozialgerichtes eine Klage zu erheben. Hierzu muss man natürlich unbedingt den Widerspruchsbescheid und nach Möglichkeit den Ausgangsbescheid und, soweit schon vorhanden, die Widerspruchsbegründung mitbringen. Besteht keine Rechtsschutzversicherung oder hat man beschränkte finanzielle Mittel, so kann man beim Sozialgericht einen Antrag auf Prozesskostenhilfe stellen und beantragen, dass ein Anwalt beigeordnet wird. Es empfiehlt sich, wenn man nicht vorher mit einem Anwalt gesprochen hat, zunächst keinen konkreten Anwalt zu benennen. Wenn man dann den Beschluss über die Gewährung von Prozesskostenhilfe erhält, ist es natürlich viel leichter, einen Anwalt zu finden.

Wie erhebe ich eine Klage?

Die Klage wird entweder, soweit dies möglich ist, persönlich bei der Rechtsantragsstelle eingelegt (erhoben) oder erfolgt schriftlich durch eine Klageschrift. Hartnäckig hält sich der Irrtum, dass eine Klage sogleich begründet werden muss. Das ist unzutreffend.

Man unterscheidet zwischen:

1. Klageerhebung
2. Antragstellung
3. Begründung

Sowohl beim Sozialgericht als auch beim Verwaltungsgericht und Finanzgericht gilt, dass die Klageerhebung zunächst **ohne** Antragstellung und **ohne** Begründung erhoben werden kann. Wenn man eine solche Klage nach einem Muster (nachfolgend abgedruckt) erhebt, ist erst einmal die Klagefrist gewahrt. Die Begründung kann dann nachgeholt werden. Während es in der Sozialgerichtsbarkeit keine gesetzlichen Fristen zur Klagebegründung gibt, sind in der Verwaltungs- und Finanzgerichtsbarkeit Fristen zur Klagebegründung gesetzt. Wird in der Verwaltungs- und in der Finanzgerichtsbarkeit die Klage nicht begründet, so wird man in der Regel nach Verstreichen der Klagebegründungsfrist mit seinen Argumenten nicht mehr gehört. In der Sozialgerichtsbarkeit ist es nicht ganz so streng. Näheres siehe unten zu den einzelnen Gerichtsbarkeiten.

Klageerhebung – Klageeinreichung

Nachfolgendes gilt zunächst für die Klageeinreichung zur Fristwahrung.

Muster für eine Klageerhebung zur Fristwahrung:

Absender: Max Mustermann (Adresse)   *Datum*

An das Sozialgericht
Musterstraße
Musterstadt

Az: XY

Klage

Hiermit erhebe ich, Max Mustermann (Adresse)

gegen den in der Anlage beigefügten Bescheid (des Jobcenter, der DRV, etc.) in Form des in der Anlage beigefügten Widerspruchsbescheids zur Fristwahrung

Klage

Antragstellung und Begründung erfolgen mit gesondertem Schriftsatz.

Name
Unterschrift

Achtung:
Die Klage muss **schriftlich**, d. h. nicht per Fax oder per E-Mail, beim Gericht eingereicht werden. Dies kann per Einschreiben mit Rückschein, durch persönliche Abgabe, das Einwerfen in den Briefkasten des Gerichts oder – dies gilt aber nur für die Klageeinreichung zur Fristwahrung – bei anderen Ämtern/Behörden geschehen. Da die Post teilweise unzuverlässig ist, sollte man, wenn man die Klage relativ spät einreicht, nicht von der Möglichkeit per Einschreiben-Rückschein Gebrauch machen. Die Gefahr, dass die Klage dann nicht fristgemäß beim Gericht eingeht, ist vorhanden.

Gibt man die Klage persönlich beim Gericht oder einer Behörde (Näheres siehe unten) ab, so ist es unbedingt notwendig, dass man sich auf einer Kopie der Klage den Eingang durch das Gericht oder die Behörde bestätigen lässt. Der Klage sollen grundsätzlich zwei Kopien beigefügt werden sowie mindestens eine Kopie des Bescheides und des Widerspruchsbescheides.

---

§ 91 SGG – *Fristwahrung trotz Unzuständigkeit*

(1) Die Frist für die Erhebung der Klage gilt auch dann als gewahrt, wenn die Klageschrift innerhalb der Frist statt bei dem zuständigen Gericht der Sozialgerichtsbarkeit bei einer anderen inländischen Behörde oder bei einem Versicherungsträger oder bei einer deutschen Konsularbehörde oder, soweit es sich um die Versicherung von Seeleuten handelt, auch bei einem deutschen Seemannsamt im Ausland eingegangen ist.
(2) Die Klageschrift ist unverzüglich an das zuständige Gericht der Sozialgerichtsbarkeit abzugeben.

Eine Behörde ist nach dem Begriff des Gesetzes (§ 1 Abs. 2 SGB X) „jede Stelle, die Aufgaben der öffentlichen Verwaltung wahrnimmt".

In der Rechtssprechung wurden folgende Behörden als Behörden, bei denen fristwahrend Klagen eingelegt werden können, genannt:

• Jobcenter
• die Arbeitsämter, Arbeitsagenturen
• eine gewerbliche Berufsgenossenschaft
• das Integrationsamt (Versorgungsamt)

Antragstellung

Der Klageantrag kann bereits bei der Klageerhebung gestellt werden, dies kann aber auch später geschehen. Wird der Klageantrag später gestellt, empfiehlt es sich nicht nur den Antrag zu stellen, sondern auch gleich die Klage, zumindest vorläufig, zu begründen. Je nach Klageziel stellt man den Antrag, einen Bescheid in Form des Widerspruchsbescheides entweder vollkommen aufzuheben oder abzuändern.

Hat man z. B. erstmalig einen Antrag auf Anerkennung einer Schwerbehinderung gestellt und ist mit dem Grad der Behinderung nicht zufrieden, wird man besser nicht den Antrag stellen, den Bescheid aufzuheben, sondern diesen abzuändern. (Näheres siehe unter Schwerbehinderung).

Entsprechendes gilt bei der Ablehnung einer Rente wegen Erwerbsminderung. Ist die Rente vollkommen abgelehnt worden, so stellt man einen Antrag nach folgendem Muster. Er kann natürlich entsprechend (Näheres siehe zu den speziellen Gebieten weiter unten) bei anderen Bescheiden verwendet werden. Nachfolgendes Muster bezieht sich darauf, dass ein Rentenantrag wegen Erwerbsminderung vollkommen abgelehnt wurde, also auch keine Rente wegen teilweiser Erwerbsminderung gewährt wurde.

Ist eine Rente wegen voller Erwerbsminderung beantragt worden, jedoch nur eine Rente wegen teilweiser Erwerbsminderung gewährt worden, so würde eine Antragstellung wie folgt aussehen:

Absender: Max Mustermann (Adresse)   *Datum*

An das Sozialgericht
Musterstraße
Musterstadt

Az: XY
In Sachen
Max Mustermann ./. Deutsche Rentenversicherung Bund

Az: (hier Aktenzeichen des Gerichtes angeben)

stelle ich folgenden Antrag:

Der Bescheid der Beklagten vom 1.1.2018 in Form des Widerspruchsbescheides vom 23.8.2018 wird abgeändert und die Beklagte verurteilt, dem Kläger Rente wegen voller Erwerbsminderung ab Antragstellung zu gewähren.

Begründung:
Meine gesundheitlichen Einschränkungen, insbesondere im Hinblick auf

---

meine Erwerbsfähigkeit, wurden nicht richtig gewürdigt. Man hat sich nicht gründlich und nur teilweise mit meinen gesundheitlichen Einschränkungen befasst.

Ich beantrage, mir eine Kopie des ärztlichen Gutachtens, welches dem Widerspruchsbescheid zugrunde liegt, zuzusenden.

Ich werde dann von meinen behandelnden Ärzten eine Stellungnahme zu diesem Gutachten anfordern und dem Gericht zur weiteren Klagebegründung übermitteln.

Name
Unterschrift

Entsprechende Anträge werden Schwerbehindertenangelegenheiten und in Angelegenheiten der gesetzlichen Unfallversicherung gestellt, hierzu siehe weiter unten in den entsprechenden Kapiteln.

Klagebegründung:

In allen Angelegenheiten des medizinischen Sozialrechtes bzw. in Angelegenheiten, in denen medizinische Fragen eine Rolle spielen, sollte man selbst aktiv tätig werden und sich entsprechende Atteste bzw. medizinische Stellungnahmen (aber keine Gutachten) vom behandelnden Arzt ausstellen lassen. Solch ein Attest kostet eine Gebühr. In der Regel betragen diese Kosten nicht mehr als 50 bis 70 Euro. Erhält man eine Antwort, dass der Arzt/die Ärztin bzw. das Krankenhaus nur bereit ist, ein Gutachten zu erstellen, sollte man in der Regel hiervon nicht Gebrauch machen. Diese Gutachten sind oft sehr teuer und sie werden, auch wenn man die Klage gewinnt, nicht erstattet, auch nicht von einer Rechtsschutzversicherung. Teilweise sind Ärzte jedoch bereit, für einen Preis zwischen 150 bis 350 Euro entsprechende Kurzgutachten zu erstellen. Dies ist noch akzeptabel.

Zwar holen die Gerichte Stellungnahmen von den behandelnden Ärzten ein, diese sind jedoch im Unterschied zu einem entsprechenden Attest in der Regel nicht brauchbar. Die Ärzte kennen die besonderen Anforderungen an eine ärztliche Stellungnahme zu einem Gutachten, welches von der Rentenversicherung unter dem Versorgungsamt erstellt worden ist, nicht.

In den meisten Fällen, sowohl in Schwerbehindertenangelegenheiten als auch in Angelegenheiten der Berufsgenossenschaft und der Rentenversicherung, handelt es sich um sogenannte Aktengutachten. Man wird nicht persönlich untersucht. Anhand der medizinischen Unterlagen, die der Behörde übermittelt worden sind, erstellt dann der Arzt der Behörde ein sogenanntes Gutachten, welches eigentlich kein Gutachten ist. Diese Gutachten bestehen im Wesentlichen aus angekreuzten Antworten zu Fragen und nur wenigen Ausführungen. Sie umfassen in der Regel nur drei bis vier Seiten, oft auch nur zwei Seiten. Insofern ist es wichtig, wenn man das Verfahren richtig steuern will, bereits bei der Antragstellung sich selber entsprechende ärztliche Stellungnahmen zu besorgen und diese dann der Antragsbegründung bei einem Rentenantrag oder einem Antrag auf Schwerbehinderung etc. beizufügen. Problematisch bzw. oft unmöglich ist dies in Angelegenheiten der gesetzlichen Unfallversicherung, da hier der Arzt im Auftrag der gesetzlichen Unfallversicherung arbeitet und man keine andere Stellungnahme erhält als diejenige, die der Arzt gegenüber der gesetzlichen Unfallversicherung abgibt. Oft ist der behandelnde Arzt nicht von der Berufsgenossenschaft zugelassen und man wird von seinem Arzt zum Arzt der Berufsgenossenschaft verwiesen. Auch hier verweise ich auf weiteren Ausführungen in dem betreffenden Kapitel.

BERUFUNG – REVISION

Gegen ein Urteil in erster Instanz des Sozial- oder Verwaltungsgerichts kann man Berufung einlegen. Gegen ein Urteil des Finanzgerichtes kann man nur Revision einlegen.

Während grundsätzlich die Berufung gegen ein Urteil in erster Instanz des Sozialgerichtes ohne Beschränkung möglich ist, kann man Berufung gegen das Urteil des Verwaltungsgerichtes oder Revision gegen das Urteil des Finanzgerichtes grundsätzlich nur einlegen, wenn die Berufung, bzw. die Revision zugelassen wurde. Gegen ein Berufungsurteil im Sozial- und Verwaltungsrecht kann man Revision einlegen, wenn diese im Berufungsurteil zugelassen wird. Wird die Revision nicht zugelassen, kann man eine Nichtzulassungsbeschwerde erheben.

In der Berufung vor dem Oberverwaltungsgericht (in Bayern Verfassungsgerichtshof) muss man sich durch einen Rechtsanwalt vertreten lassen, während man den Rechtsstreit vor dem Landessozialgericht oder im Bundesfinanzhof auch ohne Rechtsanwalt führen kann. Hier ist die Vertretung durch einen Rechtsanwalt nicht vorgeschrieben. Grundsätzlich empfiehlt es sich aber, sich dennoch durch einen Rechtsanwalt vertreten zu lassen. Wichtig ist es zu wissen, dass man zunächst **fristwahrend** beim zuständigen Gericht die **Klage** gegen ein Widerspruchsbescheid oder eine Einspruchsentscheidung **selbst einlegen** kann. Dies sollte als erstes geschehen. Man kann sich später immer noch von einem Rechtsanwalt beraten oder vertreten lassen.

VERFASSUNGSBESCHWERDE

Grundsätzlich kann man beim Bundesverfassungsgericht eine Behörden- oder Gerichtsentscheidung auf die Verfassungsmäßigkeit überprüfen lassen. Voraussetzung ist jedoch, dass zunächst in dem vorgeschriebenen Verfahren (Widerspruch – Klage – Berufung – Revision) die Rechtmäßigkeit dieser Behördenentscheidung überprüft worden ist.

Das Bundesverfassungsgericht ist kein Superrevisionsgericht. Es überprüft also nicht, ob die Entscheidung des Gerichtes rechtlich richtig begründet war, sondern nur, ob die angegriffene Entscheidung gegen die Verfassung verstößt bzw. ein Grundrechtsverstoß vorliegt. Die Anforderungen an eine Verfassungsbeschwerde sind sehr hoch, so dass es keinen Sinn macht, sie selbst zu erheben. Hiermit sollte man unbedingt einen erfahrenen Rechtsanwalt beauftragen.

SPEZIELLE RECHTSGEBIETE – SPEZIELLE PROBLEME

Allgemeines

Die bisherigen Ausführungen gelten grundsätzlich für alle Behördenentscheidungen.

In der Praxis tauchen jedoch immer wieder die gleichen Probleme auf, die aufgrund Unkenntnis der Bürger dazu führen, dass diese, die ihnen zustehende Leistungen nicht erhalten. Daher gehe ich auf einzelne, bestimmte, immer wiederkehrende Probleme in einzelnen Rechtsgebieten ein.

SOZIALRECHT (SOZIALGESETZBUCH I–XII)

Vorbemerkung

Das Sozialrecht ist nicht nur im Sozialgesetzbuch (SGB I – XII) geregelt, sondern es finden sich auch viele Vorschriften außerhalb des Sozialgesetzbuches. Zu nennen ist z. B. das Opferentschädigungsgesetz (OEG), das Kindergeldgesetz, das Bundesausbildungsförderungsgesetz etc. Nachstehend gebe ich zunächst auf die im Sozialgesetzbuch I-XII geregelten Ansprüche ein.

Folgende Ansprüche sind in den untenstehenden Sozialgesetzbüchern geregelt.

- SGB II   (Hartz IV)
- SGB III   (Arbeitslosengeld)
- SGB V   (Gesetzliche Krankenversicherung)
- SGB VI   (Rentenversicherung)
- SGB VII   (Gesetzliche Unfallversicherung)
- SGB VIII (Jugendhilfe)
- SGB IX   (Behindertenrecht – Rehabilitation und Teilhabe)
- SGB XI   (Pflegeversicherung)
- SGB XII   (Sozialhilfe)

Im Sozialgesetzbuch I, IV und X sind Verfahrensregelungen enthalten.

SGB II (HARTZ IV)

Anrechnung von Einkommen

Soweit das Jobcenter nicht in eigener Verantwortung durch die Stadt oder den Landkreis, sondern in Zusammenarbeit mit der Bundesagentur für Arbeit geführt wird, so sind die Bescheide zur Anrechnung von Einkommen (Einkommen aus Arbeit, Kindergeld, Unterhalt etc.) selbst für Juristen oft nicht nachvollziehbar. Es ist gesetzlich vorgeschrieben, dass ein entsprechender Bescheid ausgestellt wird. Die mit dem Computerprogramm der Bundesagentur für Arbeit erstellten Bescheide erfüllen diese Voraussetzung oft aber nicht. In den meisten Fällen ist es deshalb ratsam, gegen einen Bescheid, in dem Einkommen angerechnet wird, Widerspruch nach folgendem Muster einzulegen:

Absender: Max Mustermann   *Datum*
Musterstraße 100
99999 Musterstadt

An das Jobcenter
……
Bedarfsgemeinschaft:

Hiermit erhebe ich, Max Mustermann, Musterstrasse 100, 99999 Muster-
stadt, gegen den in Kopie beigefügten Bescheid vom….

Widerspruch.

Die Anrechnung des Einkommens und Berechnung des ALG 1 ist für mich
nicht nachvollziehbar.

Ich bitte, dies näher zu begründen und zu erläutern.
Bitte bestätigen Sie mir den Eingang des Widerspruches.

Unterschrift

Ein weiteres Problem besteht im Bereich der Unterkunftskosten. Grundsätzlich werden nur die Unterkunftskosten anerkannt, welche in den Richtlinien der Jobcenter als angemessen aufgeführt werden. Ein Großteil dieser Richtlinien entsprechen jedoch nicht der Vorgabe des Gesetzes.

Viel wichtiger ist jedoch, dass das Gesetz vorsieht, dass bei der Angemessenheit der Unterkunftskosten zweistufig vorzugehen ist.

Auf der ersten Stufe wird zunächst überprüft, ob die Unterkunftskosten im Bereich der Richtlinien liegen. Werden diese Richtwerte überschritten, so ist zu überprüfen, ob individuelle Gründe vorliegen, die eine solche Überschreitung rechtfertigen. Von Amts wegen erfolgt eine solche Überprüfung in der Regel nicht. Es ist deshalb ganz wichtig, dass man bereits beim Antrag entsprechende

Ausführungen mit Unterlagen macht, warum höhere Unterkunftskosten gerechtfertigt sind (Behinderung, chronische Erkrankung, erfolglose – nachweisbare – Bemühungen eine preiswertere Wohnung zu finden etc.).

Ein weiterer Irrtum besteht darin anzunehmen, dass man ausziehen muss, wenn die vollen Unterkunftskosten nicht übernommen werden. Das ist nicht zwangsläufig so. Das Jobcenter muss auf jeden Fall mindestens die Unterkunftskosten in Höhe der „Richtlinien" zahlen. Wie man den Unterschied zu den tatsächlichen Unterkunftskosten finanziert, bleibt dann allerdings einem selbst überlassen. Aber auch hier kann man die individuelle Lage beschreiben. Wenn sich keine preiswertere kleinere Wohnung findet, kann man die Unterkunftskosten nicht reduzieren, auch nicht durch einen Umzug. Dann müssen eventuell die vollen Unterkunftskosten übernommen werden.

Muster für einen Widerspruch gegen die nicht volle Übernahme der Unterkunftskosten:

Absender: Max Mustermann   *Datum*
Musterstraße 100
99999 Musterstadt

An das Jobcenter
......
Bedarfsgemeinschaft:

Hiermit erhebe ich, Max Mustermann, Musterstraße 100, 99999 Musterstadt, gegen den in Kopie beigefügten Bescheid vom …

Widerspruch.

Es wurden nicht die vollen Unterkunftskosten berücksichtigt. Die „Unterkunftsrichtlinien" entsprechen nicht der Rechtsprechung des Bundessozialgerichtes bezüglich eines schlüssigen Konzeptes. Außerdem ist derzeit im entsprechenden Bereich keine Wohnung zu den in den Richtlinien vorgesehenen Preisen zu erhalten. Ich habe mich vergeblich bemüht, eine entsprechende Wohnung zu finden. Zum Beweis beziehe ich mich auf die beigefügten Unterlagen.

Weiterhin wurde nicht berücksichtigt, dass die Angemessenheit der Unter-
kunftskosten in einem zweistufigen Verfahren geprüft werden muss. Meine
individuelle Lage ist nicht berücksichtigt worden.
Gem. § 22 b Abs. 3 SGB II sollen für Personen mit einem besonderen Bedarf
für Unterkunft und Heizung eine Sonderregelung getroffen werden. Dies gilt
insbesondere für Personen, die einen erhöhten Raumbedarf haben wegen
1. einer Behinderung oder
2. der Ausübung ihres Umgangsrechts.

Hierbei handelt es sich nur um sogenannte Regelbeispiele, die Aufzählung
ist nicht abschließend. Aus folgenden Gründen sind für mich die tatsächli-
chen Unterkunftskosten zu übernehmen. (Dies entsprechend begründen
und mit entsprechenden Dokumenten, z. B. ärztlichen Attesten, nachwei-
sen.)

Im Übrigen sind die Kosten eines Umzugs im Verhältnis zu den hier höheren
Unterkunftskosten unverhältnismäßig.

Bitte bestätigen Sie mir den Eingang des Widerspruches.

Unterschrift

SGB III (ARBEITSLOSENGELD)

Ein ständiges Ärgernis ist, dass Meldungen beim Arbeitsamt nicht entgegengenommen werden, wenn der Betreffende kein Arbeitslosengeld beantragt
bzw. nach Ende des Bezugs von Arbeitslosengeld von Amts wegen als Arbeits-
loser abgemeldet wird. In vielen Fällen besteht nach Ende des Bezugs des
Arbeitslosengeldes 1 kein Anspruch auf Arbeitslosengeld 2 (Hartz IV). In der
gesetzlichen Rentenversicherung ist es zur Aufrechterhaltung der Ansprüche
auf eine Erwerbsminderung jedoch notwendig, dass man entweder nahtlos
arbeitslos gemeldet ist, arbeitsunfähig erkrankt ist oder Arbeitslosengeld 2
bezieht. Hat man keinen Anspruch auf Arbeitslosengeld 2, da man über ein
ausreichendes Einkommen oder Vermögen verfügt, besteht laut Gesetz die
Möglichkeit, dass die entsprechende Zeit (Rahmenfrist) für den späteren
Erhalt einer Erwerbsminderungsrente trotzdem zählt.

Man muss sich aber gegenüber der Arbeitsagentur (Arbeitsamt) erklären und sich bestätigen lassen, dass man weiterhin als arbeitssuchend geführt werden will. Geht man dann zum Jobcenter und stellt einen Antrag auf Arbeitslosengeld 2 (Hartz IV), so soll man darauf bestehen, einen Bescheid zu erhalten. Der Bescheid ist wichtig, selbst wenn das Jobcenter aufgrund einer überschlägigen Überprüfung der Verhältnisse sagt, man hätte kein Anspruch auf Arbeitslosengeld 2. Der Bescheid wird benötigt, um gegenüber der Rentenversicherung nachzuweisen, dass keine Lücke vorhanden ist. Dies sollte man auch dem Mitarbeiter des Jobcenters so erklären.

SGB V (GESETZLICHE KRANKENVERSICHERUNG)

Leistungsumfang in der gesetzlichen Krankenversicherung

Leserfrage an das Team „Verbraucherexperte Escher"

Melanie F. aus Görlitz:
„Dass ich's nach vielen Fehlversuchen und Rückschlägen endlich geschafft habe, 70 Kilogramm abzunehmen, macht mich sehr stolz. Unglücklich bin ich darüber, dass an den Armen, den Beinen und vor allem am Bauch noch riesige Hautlappen hängen. Aus Scham ziehe ich mich vor meinem Lebensgefährten nicht mehr aus. Meinen Antrag auf Hautstraffung hat die Krankenkasse abgelehnt. Begründung: Schönheitsoperationen würden nicht bezahlt. Eine Bekannte hat von ihrer gesetzlichen Krankenkasse die OP-Kosten erstattet bekommen. Ihre Sachbearbeiterin konnte sich offenbar besser in die Situation hineinversetzen. Geht es nach Nase oder warum werden solche Unterschiede gemacht?"

In der gesetzlichen Krankenversicherung gilt das sogenannte Wirtschaftlichkeitsgebot. Die Politiker und die Medien erwecken oft den Eindruck, als müsste die gesetzliche Krankenversicherung alle Kosten, die im Zusammenhang mit einer Erkrankung entstehen, tragen. Das ist nicht so. Weiterhin gilt das sogenannte Sachleistungsprinzip. Grundsätzlich besteht nur Anspruch darauf, dass auf Krankenkassenkarte bzw. Überweisungsschein eine entsprechende Leistung erbracht wird. Der Arzt, der Physiotherapeut, das Krankenhaus rechnet direkt mit der Krankenkasse ab. Eine Rechnungsstellung an den Patienten erfolgt nicht, es sei denn, er wählt die Kostenerstattung (Näheres siehe weiter unten).

Im Näheren sind die Leistungen § 27 SGB V geregelt.

> ## § 2 Leistungen
>
> *(1) Die Krankenkassen stellen den Versicherten die im Dritten Kapitel genannten Leistungen unter Beachtung des Wirtschaftlichkeitsgebots (§ 12) zur Verfügung, soweit diese Leistungen nicht der Eigenverantwortung der Versicherten zugerechnet werden. Behandlungsmethoden, Arznei- und Heilmittel der besonderen Therapierichtungen sind nicht ausgeschlossen. Qualität und Wirksamkeit der Leistungen haben dem allgemein anerkannten Stand der medizinischen Erkenntnisse zu entsprechen und den medizinischen Fortschritt zu berücksichtigen.*
> *(1a) Versicherte mit einer lebensbedrohlichen oder regelmäßig tödlichen Erkrankung oder mit einer zumindest wertungsmäßig vergleichbaren Erkrankung, für die eine allgemein anerkannte, dem medizinischen Standard entsprechende Leistung nicht zur Verfügung steht, können auch eine von Absatz 1 Satz 3 abweichende Leistung beanspruchen, wenn eine nicht ganz entfernt liegende Aussicht auf Heilung oder auf eine spürbare positive Einwirkung auf den Krankheitsverlauf besteht. Die Krankenkasse erteilt für Leistungen nach Satz 1 vor Beginn der Behandlung eine Kostenübernahmeerklärung, wenn Versicherte oder behandelnde Leistungserbringer dies beantragen. Mit der Kostenübernahmeerklärung wird die Abrechnungsmöglichkeit der Leistung nach Satz 1 festgestellt.*
> *(2) Die Versicherten erhalten die Leistungen als Sach- und Dienstleistungen, soweit dieses oder das Neunte Buch nichts Abweichendes vorsehen. Die Leistungen werden auf Antrag durch ein Persönliches Budget erbracht; § 29 des Neunten Buches gilt entsprechend. Über die Erbringung der Sach- und Dienstleistungen schließen die Krankenkassen nach den Vorschriften des Vierten Kapitels Verträge mit den Leistungserbringern.*
> *(3) Bei der Auswahl der Leistungserbringer ist ihre Vielfalt zu beachten. Den religiösen Bedürfnissen der Versicherten ist Rechnung zu tragen.*
> *(4) Krankenkassen, Leistungserbringer und Versicherte haben darauf zu achten, dass die Leistungen wirksam und wirtschaftlich erbracht und nur im notwendigen Umfang in Anspruch genommen werden.*

Offensichtlich war es in diesem Fall so, dass der Arzt gesagt hat, er könne keine Kassenüberweisung an das Krankenhaus ausstellen, bzw. das Krankenhaus hat gesagt, dass eine solche Operation grundsätzlich nicht auf Kosten der Krankenkasse durchgeführt werden kann. Aus diesem Grunde wurde wohl einen Antrag auf Übernahme der Kosten für die Operation gestellt. Es wird also zunächst darum gestritten, ob die Krankenkasse die entsprechende Operation als sogenannte Sachleistung zur Verfügung stellen muss.

Aufgrund der Regelung in § 13 Abs. 1 SGB V und § 13 Abs. 3a SGB V sollte immer rein vorsorglich, soweit noch nicht geschehen, ein Antrag auf Kostenübernahme für eine beabsichtigte Operation gestellt werden.

Nicht der Kassenarzt entscheidet, wie der Patient behandelt wird, sondern die Krankenkasse schreibt ihm dies vor. Nur bestimmte Arzneimittel dürfen, auch nur ausschließlich zur Behandlung bestimmter Krankheiten, auf Kosten der Krankenkasse verschrieben werden. Welche Behandlungen der Arzt auf Kosten der Krankenkasse durchführen oder verordnen darf, ist ebenfalls genauestens geregelt. Der Bundesausschuss der Ärzte und der Krankenkassen bestimmt dies durch Richtlinien. Es dauert oft sehr lange, in der Regel zehn Jahre, bis sogenannte neue Behandlungsmethoden etc. in diesen Richtlinien aufgenommen werden. Neuere Behandlungsmethoden sind deshalb in der Regel darin noch nicht enthalten.

Will der Arzt also Behandlungsmethoden durchführen oder verordnen bzw. Arzneimittel verschreiben, die im Leistungskatalog der Krankenkasse nicht enthalten sind, kann er das nur tun, indem er ein Privatrezept ausstellt. Das muss der Patient dann selbst bezahlen.

In Ausnahmefällen kann jedoch, wenn keine alternative Behandlung zur Verfügung steht, eine entsprechende Behandlung auch auf Kosten der Krankenkasse durchgeführt werden. Hierzu muss ein entsprechender Antrag gestellt werden. In der Regel werden solche Anträge jedoch zunächst abgelehnt, auch im Wege eines negativen Widerspruchsbescheides. Die Krankenkassen sind aufgrund des gesetzlich verordneten Wirtschaftlichkeitsgebotes gezwungen, möglichst sparsam mit den Beiträgen umzugehen.

Bei der Entscheidung, ob eine Behandlungsmethode, die nicht im Leistungs-katalog enthalten ist oder bei der Unklarheiten bestehen, handelt es sich oft um sehr schwierige medizinrechtliche Fragen. Im Grunde genommen geht es um Rechtsfragen, welche letzten Endes durch die Gerichte zu entscheiden sind. Je unsicherer sich die Mitarbeiter der Krankenkassen und der MDK sind, desto eher erfolgt eine Kostenablehnung. In solchen Fällen wurde mei-nen Mandanten bzw. mir sogar schon von der Krankenkasse geraten, Klage einzulegen, da sie ja gerne die Kosten übernehmen würden, aber sich auf-grund der Vorschriften dazu außerstande sähen.

In einem solchen Fall bleibt deshalb nichts anderes übrig, als Klage vor dem Sozialgericht zu erheben. In diesem Fall hilft jedoch allein die Klage nicht weiter. Bis über die Klage entschieden ist, ist vielleicht bereits der Tod einge-treten. Deshalb sollte nicht nur Klage beim Sozialgericht erhoben werden, sondern parallel dazu ein Antrag auf einstweilige Anordnung beim Sozialge-richt. Man erhält dann eine relativ schnelle Entscheidung innerhalb von drei bis sechs Wochen.

Eigentlich hätte bereits parallel zum Widerspruch ein Antrag auf einstweilige Anordnung gestellt werden können. Dies gilt sowohl hinsichtlich der Verord-nung von Cannabis auf Kassenrezept als auch der stationären Rehabilitati-onsmaßnahme (Kur).

Kostenerstattung

In § 13 SGB V werden zwei Arten der Kostenerstattung geregelt.
Diese Bestimmung ist etwas kompliziert.
Nach § 13 SGB V besteht die Möglichkeit,
a) die Kostenerstattung grundsätzlich zu wählen (§ 13 Abs. 2 SGB V)
b) die Kostenerstattung für eine bestimmte Leistung zu wählen (§ 13 Abs. 3a SGB V).

Kostenerstattung nach § 13 Abs. 2 SGB V

Wählt man die Kostenerstattung nach § 13 Abs. 2 SGB V, so wird man als Privatpatient behandelt. D. h., man wird nicht mehr „auf seine Kranken-kassenkarte" behandelt, der Arzt oder die Apotheke etc. rechnet nicht direkt mit der Krankenkasse ab, sondern der Versicherte erhält vom Arzt eine Privatrechnung, die Medikamente, die ihm verschrieben werden, muss er direkt in der Apotheke bezahlen. Der Versicherte reicht dann seiner gesetzlichen Krankenkasse zur Kostenerstattung die Rechnung des Arztes ein und erhält die Gebühren, welche die gesetzliche Krankenkasse dem Arzt zahlt. Da zwischen der gesetzlichen Krankenkasse und dem Kassenarzt der sogenannte EBM (einheitlicher Bewertungsmaßstab) gilt, während bei der Abrechnung zwischen dem Arzt und dem Patienten, wenn der Arzt privat abrechnet, die sogenannte GOÄ (Gebührenordnung für Ärzte) Anwendung findet, kann der Eigenanteil, den der Patient zahlen muss, sehr hoch sein.

Die Unterschiede sind beträchtlich. So rechnet der Arzt nach der GOÄ (Gebührenordnung für Ärzte) z. B. für eine Leistung 90 Euro ab, während er von der Krankenkasse hierfür vielleicht gemäß dem EBM (Einheitlicher Bewertungsmaßstab) nur 14 Euro erhält. Doch nur diese 14 Euro werden abzüglich eines Verwaltungsabschlages dem Versicherten erstattet.

Bei den Medikamenten ist es nicht so gravierend. Es existiert keine entsprechende Regelung mit verschiedenen Verträgen, sondern die Krankenkasse erstattet grundsätzlich die Kosten für das Arzneimittel und nimmt ein Abschlag vor. In der Regel ist dieser Abschlag nicht größer als die Selbstbeteiligung für das Arzneimittel. In etwa ähnlich verhält es sich z. B. bei der Behandlung durch ein Physiotherapeuten (Krankengymnastik etc.).

Es ist so, dass Privatpatienten oft besser und schneller behandelt werden. Der Grund hierfür liegt darin, dass die gesetzliche Krankenkasse nicht jede Behandlung bezahlt und die Vergütung für die Ärzte und Krankenhäuser oft so niedrig ist, dass eine kostendeckende (aufwendige) Behandlung zu den Bedingungen der gesetzlichen Krankenkasse nicht möglich ist.

Wenn man die Kostenerstattung in Anspruch nimmt, empfiehlt es sich deshalb, eine ergänzende private Krankenversicherung abzuschließen, die den Unterschiedsbetrag zwischen den Kosten, welche die gesetzliche Krankenkasse zahlt und welche dem Privatpatienten in Rechnung gestellt wird, übernimmt. Mittlerweile vermitteln die gesetzlichen Krankenkassen teilweise solche Zusatzversicherungen.

Auch wenn man Kostenerstattung gewählt hat und sich durch einen Psychotherapeuten behandeln lassen will, muss man zusätzlich ein Antrag für eine psychotherapeutische Behandlung stellen. Entsprechendes gilt bei Durchführung einer ambulanten oder stationären Rehabilitationsmaßnahme (Kur).

Wählt der Versicherte die Kostenerstattung nach § 13 Abs. 2 SGB V, ist er mindestens ein Kalendervierteljahr an seine Wahl gebunden. Nach Ablauf der Mindestbindungsfrist steht dem Versicherten aber jederzeit die Möglichkeit zum Widerruf seines Wahlrechts zu. Die Kostenerstattung muss er nicht zwingend auf sämtliche Krankenbehandlungen anwenden, er kann sie auf sogenannte einzelne Leistungsbereiche beschränken.

Dies sind:
– Ärztliche Versorgung
– Zahnärztliche Versorgung
– Stationärer Bereich (z. B. Krankenhausaufenthalte, Reha-Leistungen)
– Veranlasste Leistungen (z. B. Arznei- und Hilfsmittel)

Dabei kann der Versicherte auch mehrere Bereiche wählen. Will der Versicherte nach der entsprechenden Frist (mindestens ein Vierteljahr) die Kostenerstattung widerrufen, so ist es auch möglich, die Kostenerstattung nur für einzelne Bereiche zu widerrufen.

Kostenerstattung nach § 13 Abs. 3 a SGB V

Neben der Möglichkeit, **grundsätzlich** die Kostenerstattung zu wählen, besteht auch die Möglichkeit, **im Einzelfall**, also für eine bestimmte Behandlung, sei es eine ärztliche Behandlung, sei es die Übernahme der Kosten für ein Arzneimittel etc., einen Antrag bei der Krankenkasse auf Übernahme dieser einzelnen Behandlung zu stellen. Dies kommt dann infrage, wenn der Kassenarzt meint, er könne eine bestimmte Behandlung nicht auf Kosten der Krankenkasse durchführen, ein Arzneimittel nicht auf Kassenrezept verschreiben, obwohl diese Behandlung, dieses Arzneimittel im konkreten Fall notwendig ist und keine (gleichwertige) Alternativbehandlung zur Verfügung steht.

Bevor überhaupt eine solche Behandlung begonnen wird, ist es aber gesetzlich vorgeschrieben, dass man zunächst einen Antrag stellt. Hat man einen solchen **Antrag vor der Behandlung** nicht gestellt und wird hinterher festgestellt, dass die Behandlung notwendig ist – kann in der Regel die Leistung nicht mehr übernommen werden, es sei denn, es handelt sich um eine unaufschiebbare Leistung.

---

§ 13 Abs. 2 SGB V
Versicherte können anstelle der Sach- oder Dienstleistungen Kostenerstattung wählen. Hierüber haben sie ihre Krankenkasse vor Inanspruchnahme der Leistung in Kenntnis zu setzen.

---

§ 13 Abs. 3 SGB V
(3) Konnte die Krankenkasse eine unaufschiebbare Leistung nicht rechtzeitig erbringen oder hat sie eine Leistung zu Unrecht abgelehnt und sind dadurch Versicherten für die selbstbeschaffte Leistung Kosten entstanden, sind diese von der Krankenkasse in der entstandenen Höhe zu erstatten, soweit die Leistung notwendig war. ...

Grundsätzlich gilt aber der § 13 Abs. 3 a SGB V.

(3a) Die Krankenkasse hat über einen Antrag auf Leistungen zügig, spätestens **bis zum Ablauf von drei Wochen** *nach Antragseingang oder in Fällen, in denen eine gutachtliche Stellungnahme, insbesondere des Medizinischen Dienstes der Krankenversicherung (Medizinischer Dienst), eingeholt wird,* **innerhalb von fünf Wochen nach Antragseingang zu entscheiden.** *Wenn die Krankenkasse eine gutachtliche Stellungnahme für erforderlich hält, hat sie diese unverzüglich einzuholen und die Leistungsberechtigten hierüber zu unterrichten. Der Medizinische Dienst nimmt innerhalb von drei Wochen gutachtlich Stellung. Wird ein im Bundesmantelvertrag für Zahnärzte vorgesehenes Gutachterverfahren durchgeführt, hat die Krankenkasse ab Antragseingang innerhalb von sechs Wochen zu entscheiden; der Gutachter nimmt innerhalb von vier Wochen Stellung. Kann die Krankenkasse Fristen nach Satz 1 oder Satz 4 nicht einhalten, teilt sie dies den Leistungsberechtigten unter Darlegung der Gründe rechtzeitig schriftlich mit.* **Erfolgt keine Mitteilung eines hinreichenden Grundes, gilt die Leistung nach Ablauf der Frist als genehmigt. Beschaffen sich Leistungsberechtigte nach Ablauf der Frist eine erforderliche Leistung selbst, ist die Krankenkasse zur Erstattung der hierdurch entstandenen Kosten verpflichtet.**

Das BSG (Bundessozialgericht) hat in seinem Urteil vom 11.07.2017 – AZ: B 1 KR 1/17 R und anderen Entscheidungen klar und eindeutig entschieden, wenn nach dem im Gesetz genannten Zeitraum von drei bzw. fünf Wochen keine Entscheidung der Krankenkasse vorliegt, die Kosten für die beantragte Leistung übernommen werden müssen. Also, lassen Sie sich nicht vertrösten. Wenn innerhalb der Drei- bzw. Fünf-Wochen-Frist keine Entscheidung, kein Bescheid ergangen ist, so muss die Krankenkasse, soweit Sie selbst schon die Behandlung bezahlt haben, Ihnen diese erstatten.

Im Übrigen gilt, wenn Sie einen Antrag auf Kostenübernahme/Kostenerstattung für eine bestimmte Behandlungsmethode gestellt haben, können Sie zunächst auf eigenes Risiko diese Behandlung durchführen. Wird dann, gegebenenfalls vom Sozialgericht entschieden, dass die Krankenkasse die Kosten übernehmen muss, erhalten Sie diese erstattet. Beachten Sie aber, wie oben ausgeführt, dass Sie erst dann auf eigenes Risiko die entsprechende Behandlung durchführen können, wenn Sie vorher einen entsprechenden Antrag gestellt haben.

Folgender Fall:

Der Arzt meines Mandanten verordnete auf einer Kassenüberweisung eine Computertomografie-Untersuchung. Mein Mandant legte die Kassenüberweisung in der Praxis vor. Die Arzthelferin sagte meinem Mandanten, dass die Behandlung die Kasse nicht bezahle. Anstatt nach Hause zu gehen und einen Antrag auf Kostenübernahme nach § 13 Abs. 3a SGB V zu stellen, ließ der Mandant die Computertomografie durchführen.
Obwohl seitens seines Arztes die medizinische Notwendigkeit dieser Untersuchung bestätigt wurde, lehnte das Sozialgericht (zu Recht) die Kostenerstattung durch die Krankenkasse ab, da der notwendige Antrag vor der Behandlung hätte gestellt werden müssen. Eine unaufschiebbare Leistung lag in diesem Fall nicht vor.

Leserfrage an das Team „Verbraucherexperte Escher"

Melanie F. aus Görlitz:
„Dass ich's nach vielen Fehlversuchen und Rückschlägen endlich geschafft habe, 70 Kilogramm abzunehmen, macht mich sehr stolz. Unglücklich bin

ich darüber, dass an den Armen, den Beinen und vor allem am Bauch noch riesige Hautlappen hängen. Aus Scham ziehe ich mich vor meinem Lebensgefährten nicht mehr aus. Meinen Antrag auf Hautstraffung hat die Krankenkasse abgelehnt. Begründung: Schönheitsoperationen würden nicht bezahlt. Eine Bekannte hat von ihrer gesetzlichen Krankenkasse die OP-Kosten erstattet bekommen. Ihre Sachbearbeiterin konnte sich offenbar besser in die Situation hineinversetzen. Geht es nach Nase oder warum werden solche Unterschiede gemacht?"

Für eine Schönheitsoperation muss die Krankenkasse nicht zahlen. Es müssen andere gewichtige Gründe vorliegen. Es kommt also immer auf die konkrete Begründung im Einzelfall an. Offensichtlich wurden aus Unkenntnis keine medizinischen Gründe vorgebracht. Bei der Bekannten lagen offensichtlich entsprechende medizinische Gründe vor.

Zur Problematik verweise ich auf die nachfolgenden zwei Urteile:
Das SG Sozialgericht Leipzig S 8 KR 246/02 formulierte es in seinem Urteil wie folgt:

Die Hautfalte selbst verursacht keine, die operative Entfernung rechtfertigenden, gravierenden gesundheitlichen Störungen des orthopädischen, dermatologischen und psychischen Zustandes des Klägers. ...
Wenn aber nach wertender Betrachtung die Funktionsbeeinträchtigung von Körper und Geist (Seele) nicht wesentlich ist, ist auch die Erforderlichkeit ärztlicher Behandlung für die beantragte Maßnahme zu verneinen. Es besteht keine Notwendigkeit einer operativen chirurgischen Bauchdeckenstraffung (und nicht nur: einer psychiatrischen bzw. psychotherapeutischen Behandlung). Diese ist im Übrigen keine „neue Behandlungsmethode". Die Ausführungen der Beklagten im Widerspruchsbescheid liegen insoweit neben der Sache. Dr. S. beschreibt in seinem Gutachten insoweit lediglich, dass (naturgemäß) die Beseitigung der Schlaffung der Bauchhaut unmittelbar nur durch operativen Eingriff und nicht durch Psychotherapie erreicht werden könne. Dies ist auch völlig unstreitig, da eine eventuell noch durchzuführende Psychotherapie nur der seelischen Konfliktbewältigung, nicht aber der chirurgischen Beseitigung des als störend empfundenen Zustandes dienen kann. Der Leistungsumfang der gesetzlichen Krankenversicherung hat sich insoweit jedoch am Maß des Notwendigen im Sinne der Wirtschaftlichkeit einer Maßnahme zu orientieren

(vgl. § 12 Abs. 1 SGB V). Daran fehlt es hier. Die fehlende Rückbildung der Schlaffhaut nach Gewichtsverlust ist insoweit mit der von Müttern nach einer Schwangerschaft vergleichbar. Auch hier besteht grundsätzlich kein Sachleistungsanspruch gegen die Krankenkasse auf operative Bauchdeckenstraffung.

Anders jedoch das Sozialgericht Osnabrück in einem Urteil vom 23.01.2018 (Aktenzeichen S 42 KR 182/16).

Kostenübernahme einer sogenannten Fettschürzenresektion durch die gesetzliche Krankenversicherung

Die gesetzliche Krankenversicherung ist verpflichtet, der Klägerin 5.712,00 Euro zu erstatten, welche diese für eine Fettschürzenresektion aufgewandt hatte. Dies hat das Sozialgericht Osnabrück in einem Urteil vom 23.01.2018 (Aktenzeichen S 42 KR 182/16) entschieden.

Die 1979 geborene Klägerin ist Krankenschwester und bei der Beklagten gesetzlich krankenversichert. In der Zeit von November 2013 bis Spätsommer 2015 nahm sie 46 kg ab. Sie wiegt seither bei einer Größe von 170 cm 73,5 kg. Die Klägerin beantragte im Juni 2015 unter Beifügung einer ärztlichen Empfehlung die Kostenübernahme einer Fettschürzenresektion durch die Beklagte. Nach Einholung einer Stellungnahme durch ihren medizinischen Dienst lehnte die Beklagte die Kostenübernahme ab. Die Haut sei durch gute Pflege reizlos, eine zu befürchtende optische Entstellung sei durch ein Mieder kompensierbar.

Am 13.01.2017 ließ die Klägerin die Fettschürze entfernen. Hierfür entstanden ausweislich der Rechnung Kosten in Höhe von 5.712,00 Euro, welche durch die Klägerin beglichen wurden.

Das Sozialgericht Osnabrück hat der auf Kostenerstattung gerichteten Klage der Klägerin in Höhe von 5.712,00 Euro stattgegeben.

Zur Begründung seines Urteils hat das Gericht darauf abgestellt, dass bei der Klägerin zwar keine funktionellen Einschränkungen mit Krankheitswert und auch keine durch die Fettschürze bedingte behandlungsbedürftige Hauterkrankung vorlagen. Mit der bundessozialgerichtlichen Rechtsprechung kann jedoch ausnahmsweise eine Entstellung Krankheitswert haben und eine Operation rechtfertigen. Eine solche Entstellung lag bei der Klägerin durch die Größe und das Erscheinungsbild der Fettschürze vor. Nach Inaugenscheinnahme einer Fotodokumentation über den Zustand vor der Operation bestand bei objektiver Betrachtungsweise zu Überzeu-

gung der Kammer ein Erscheinungsbild, welches ungewöhnlich war und sich nicht mehr innerhalb der Normvarianz bewegte. Dabei hat das Gericht auch das ansonsten schlanke Erscheinungsbild der Klägerin beachtet, welches durch das Herunterhängen der Hautschürze in mindestens zwei Falten deutlich über dem Hosenbund außergewöhnlich prominent sichtbar war. Darüber hinaus berücksichtigte die Kammer, dass die Klägerin angesichts der obligaten Berufskleidung als Stationsschwester im Krankenhaus nur begrenzte Möglichkeiten hatte, die Hautfalten zu kaschieren.

Das Urteil ist noch nicht rechtskräftig. Es kann mit der Berufung zum Landessozialgericht Niedersachsen-Bremen angefochten werden.

Wie stellt man einen Antrag nach § 13 Abs. 3a SGB V?

Damit man Erfolg hat, dass ein entsprechender Antrag genehmigt wird, genügt es in der Regel nicht, dass der Hausarzt bzw. der Facharzt den entsprechenden Antrag formuliert. Damit ein solcher Antrag positiv entschieden werden kann, sollten nach Möglichkeit entsprechende aussagekräftige Beweise, z. B. wissenschaftliche Aufsätze oder/und eine wissenschaftliche Stellungnahme eines anerkannten Fachmannes, vorgelegt werden.

Behandlung einer lebensbedrohlichen Erkrankung § 2 Abs. 1 a SGB

Anders als bei den Fällen nach § 13 Abs. 3a SGB V ist die Behandlung bei einer **lebensbedrohlichen** oder **regelmäßig tödlichen** Erkrankung bzw. einer **vergleichbaren Erkrankung.** Es können moderne Behandlungsmethoden bereits zur Verfügung stehen, die jedoch noch nicht in den Leistungskatalog der gesetzlichen Krankenkassen übernommen worden sind. Darüber hinaus dürfen grundsätzlich nur Leistungen, Behandlungsmethoden, welche nicht im Leistungskatalog enthalten sind, auf Kosten der gesetzlichen Krankenkassen durchgeführt werden, wenn eine lebensbedrohliche oder regelmäßig tödliche Erkrankung bzw. eine vergleichbare Erkrankung vorliegt. Näher geregelt ist das in § 2 Abs. 1 a SGB V. Der Paragraph wurde aufgrund eines Urteils des Bundesverfassungsgerichtes übernommen.

In seiner Entscheidung vom 11.04.2017 – 1 BvR 452/17 hat das Bundesverfassungsgericht ausgeführt:

Es bestehe ein verfassungsunmittelbarer Anspruch auf Krankenversorgung, wenn in Fällen einer lebensbedrohlichen oder regelmäßig tödlichen Erkrankung vom Leistungskatalog der gesetzlichen Krankenversicherung umfasste Behandlungsmethoden nicht vorliegen und die vom Versicherten gewählte Behandlungsmethode eine auf Indizien gestützte, nicht ganz fernliegende Aussicht auf Heilung oder wenigstens auf eine spürbar positive Einwirkung auf den Krankheitsverlauf verspricht.

Es würde allerdings dem Ausnahmecharakter eines solchen Leistungsanspruchs nicht gerecht, wenn man diesen in großzügiger Auslegung der Verfassung erweitern würde. ***Die notwendige Gefährdungslage liege erst in einer notstandsähnlichen Situation vor, in der ein erheblicher Zeitdruck für einen zur Lebenserhaltung bestehenden akuten Behandlungsbedarf typisch sei.*** *Anknüpfungspunkt eines derartigen verfassungsrechtlich gebotenen Anspruchs sei deswegen allein das Vorliegen einer durch nahe Lebensgefahr gekennzeichneten individuellen Notlage.*

---

§ 2 Abs. 1 a SGB V
Versicherte mit einer lebensbedrohlichen oder regelmäßig tödlichen Erkrankung oder mit einer zumindest wertungsmäßig vergleichbaren Erkrankung, für die eine allgemein anerkannte, dem medizinischen Standard entsprechende Leistung nicht zur Verfügung steht, können auch eine von Absatz 1 Satz 3 abweichende Leistung beanspruchen, wenn eine nicht ganz entfernt liegende Aussicht auf Heilung oder auf eine spürbare positive Einwirkung auf den Krankheitsverlauf besteht. Die Krankenkasse erteilt für Leistungen nach Satz 1 vor Beginn der Behandlung eine Kostenübernahmeerklärung, wenn Versicherte oder behandelnde Leistungserbringer dies beantragen. ...

Es werden jedoch gewisse Anforderungen an den Nachweis, dass diese Behandlung erfolgversprechend ist, gestellt. Es müssen nachvollziehbare wissenschaftliche Belege für die Wirksamkeit vorgelegt werden. Hier sind u.a. die entsprechenden Pharmafirmen Ansprechpartner. Bei diesen können entsprechende Forschungsergebnisse bzw. Gutachten angefordert werden, die dann der Krankenkasse oder gegebenenfalls dem Gericht vorgelegt werden können.

Antrag auf einstweilige Anordnung bei einer lebensbedrohlichen Erkrankung

Sollte die Krankenkasse nicht innerhalb von zwei bzw. fünf Wochen entscheiden, bleibt nur noch der Weg, beim Gericht durch einen Antrag auf einstweilige Anordnung die Übernahme der Kosten für diese Behandlungsmethode zu beantragen. Bis über einen Widerspruch, eine Klage entschieden ist, wird der Patient in der Regel schon gestorben sein.

Dagegen wird über einen Antrag auf einstweilige Anordnung (das Gericht ordnet an, dass bis zur Entscheidung in der Hauptsache Behandlungskosten von der Krankenkasse zu übernehmen sind) in der Regel innerhalb von drei bis sechs Wochen entschieden. Bei einer einstweiligen Anordnung muss nicht der absolute sogenannte Vollbeweis geführt werden, es reicht aus, wenn das Gericht eine gewisse Wahrscheinlichkeit annimmt, dass die Voraussetzungen einer Kostenübernahme vorliegen und dem Antragsteller (Patient) ein Warten nicht zumutbar ist.

Antrag auf vorläufige Leistung

Immer wieder kommt es vor, dass die Krankenkasse oder eine andere Sozialversicherung wie die Rentenversicherung Leistungen nicht erbringt, mit dem Hinweis, es sei ein anderer Versicherungsträger zuständig. Wenn man bei der Krankenkasse einen Antrag auf eine Leistung stellt und diese meint, sie sei nicht zuständig, muss sie diesen Antrag unverzüglich innerhalb von zwei Wochen weiterleiten. Entsprechendes gilt für andere Sozialversicherungen.

Wenn eine Leistung erbracht werden muss, jedoch unklar ist, wer genau zuständig ist, z. B. wenn streitig ist, ob die gesetzliche Unfallversicherung aufkommen muss oder die Krankenkasse, dann sollte man unverzüglich gemäß § 43 SGB I **einen Antrag auf vorläufige Leistung** stellen.

In meiner Praxis kommt es laufend vor, dass die Versicherungsträger sich die Verantwortung hin- und herschieben, die Krankenkasse oder eine andere Versicherung. Die Kasse, die den Antrag als Erste erhalten hat, weist natürlich nicht darauf hin, dass sie in Vorleistung treten muss, wenn dies beantragt wird. In einem solchen Fall soll man unbedingt einen Antrag auf Vorleistung stellen.

> **§ 43 SGB I Vorläufige Leistungen**
>
> *(1) Besteht ein Anspruch auf Sozialleistungen und ist zwischen mehreren Leistungsträgern streitig, wer zur Leistung verpflichtet ist, kann der unter ihnen zuerst angegangene Leistungsträger vorläufig Leistungen erbringen, deren Umfang er nach pflichtgemäßem Ermessen bestimmt.* **Er hat Leistungen nach Satz 1 zu erbringen, wenn der Berechtigte es beantragt;** *die vorläufigen Leistungen beginnen spätestens nach Ablauf eines Kalendermonats nach Eingang des Antrags.*
> *(2) Für die Leistungen nach Absatz 1 gilt § 42 Abs. 2 und 3 entsprechend. Ein Erstattungsanspruch gegen den Empfänger steht nur dem zur Leistung verpflichteten Leistungsträger zu.*
> *(3) (weggefallen)*

Worüber wird im Widerspruch, in der Klage entschieden?

Leserfrage an das Team „Verbraucherexperte Escher"

> Traudel T. aus Nünchritz:
> *„Im Jahr 2010 verordnete mir der HNO-Arzt ein Hörgerät. Mein Problem bestand darin, dass ich als Grundschullehrerin auch Musik unterrichte und die Kassengeräte kein Musikprogramm hatten. Das Ende vom Lied war, dass das Sozialgericht in Dresden Ende 2011 die von mir verklagte Deutsche Rentenversicherung Bund dazu verurteilte, die höheren Kosten für die erforderlichen Geräte, die die Kassenleistungen überstiegen, zu übernehmen.*
> *In diesem Jahr begann das gleiche Spiel von vorn. Meine Krankenkasse übernimmt ihren Anteil, die Rentenversicherung Bund lehnt die zusätzlichen Kosten wieder ab. Ich bin natürlich in Widerspruch zu diesem Ablehnungsbescheid gegangen. Ohne dieses spezielle Programm kann ich keinen Musikunterricht erteilen, weil ich mein Instrument schlecht mit den Kindern höre, Playback-CDs und Klassengesang in verschiedenen Lautstärken wahrnehme usw… Ich habe nicht vor, vorzeitig in den Ruhestand zu gehen, nur weil man mir Leistungen zur weiteren Teilhabe am Berufsleben verweigert. Besitzt das Urteil vom Sozialgericht Dresden nach sieben Jahren*

In einem Widerspruch oder in einer Klage gegen einen Widerspruch (die Klage richtet sich gegen den ursprünglichen Bescheid in Form des Widerspruchsbescheides) wird nur über den Bescheid entschieden, gegen den sich der Widerspruch, bzw. die Klage richtet. Damals hatte das Sozialgericht über die Verordnung des Hörgerätes aus dem Jahr 2010 entschieden. Nunmehr ist aber strittig, ob die Kosten für die Verordnung des Hörgerätes aus dem Jahr 2018 übernommen werden müssen. Es ist somit nicht möglich, sich direkt auf das Urteil des Sozialgerichts Dresden aus dem Jahr 2011 zu berufen, da dieses sich ja mit dem vorliegenden Fall, dem Antrag aus dem Jahr 2018, überhaupt nicht befasst hat.

Natürlich kann und sollte zur Begründung Ihrer Klage vor dem Sozialgericht auf das Urteil des Sozialgerichts Dresden auf das Jahr 2011 hingewiesen werden. Ist der Sachverhalt vergleichbar und hat sich die Gesetzeslage und Rechtsprechung nicht geändert, wird wohl der Rechtsstreit gegen die Rentenversicherung erfolgreich ausgehen. An dieser Stelle sei jedoch darauf hingewiesen, dass ein schriftlicher Antrag gemäß § 43 SGB I auf Vorleistung durch die gesetzliche Krankenkasse gestellt hätte werden können. Gerade diese Vorschrift ist dafür geschaffen worden, dass die Versicherten nicht zwischen den verschiedenen Sozialversicherungen hin- und hergeschoben werden. Auch hier wäre an einen Antrag auf einstweilige Anordnung zu denken. Es sei jedoch darauf hingewiesen, dass bei einem solchen Antrag auf einstweilige Anordnung zusätzlich dargelegt werden muss, dass man finanziell nicht in der Lage ist, die Kosten für das speziell benötigte Hörgerät einstweilen selbst zu finanzieren.

SGB VI (RENTENVERSICHERUNG)

Rehabilitation

Leserfrage an das Team „Verbraucherexperte Escher"

Annett K. aus Riesa:
„Mein Mann kämpft seit drei Jahren um eine Erwerbsminderungsrente. Er hatte eine Schulterverletzung, mehrere Operationen brachten keine Besserung. Dazu ein Wegeunfall, der zunächst an-, später aber wieder aberkannt wurde. Seit einem Arbeitsunfall, bei dem 2011 ein Hüttenofen explodiert ist, hat er sich ein Knalltrauma und einen lebenslangen Tinnitus zugezogen. Die Knappschaft hat den Rentenantrag bereits zweimal abgelehnt. Mein Mann ist schwer krank und keiner hilft ihm. Uns plagen Existenzängste, da sein ALG 1 demnächst ausläuft. An wen können wir uns wegen des Rentenantrages wenden?"

Gerade das, was hier geschildert wird, ist das Thema meines Buches.
Man hätte sich nicht mit der Ablehnung des Rentenantrages zufriedenstellen, sondern dagegen Widerspruch und Klage erheben sollen. Dies ist ja zunächst relativ einfach. Hier sind zunächst ein neuer Antrag und ein Überprüfungsantrag zu stellen und dann gegebenenfalls vor dem Sozialgericht Klage zu erheben.

Bei der Rentenantragstellung helfen die Sozial- und Wohlfahrtsverbände (s. o.). Jede größere Stadt bzw. jedes Landratsamt hat eine sogenannte Rentenberatungsstelle. Dort kann man vorsprechen und den Rentenantrag aufnehmen lassen. Ebenso kann man dort dann den Widerspruch erheben und Klage einreichen. Zu den Voraussetzungen einer Erwerbsminderungsrente verweise ich auf die späteren Ausführungen.

Leserfrage an das Team „Verbraucherexperte Escher"

Reinhard G. aus Halle/Saale:
„Im nächsten Jahr feiere ich meinen 60. Geburtstag. Bisher bin ich fit wie ein Turnschuh. In meinen mehr als 40 Berufsjahren war ich nie krank, kam bisher auch noch nicht in den Genuss einer Kur. Jetzt wollte ich in schöner

Umgebung einfach mal meine Akkus randvoll aufladen und bei der Kur in schöner Umgebung Sport treiben, wandern, mich gesund ernähren, vielleicht sogar ein paar Kilogramm abnehmen ... Doch da habe ich die Rechnung ohne meine Krankenkasse gemacht. Der erste Reha-Antrag wurde – ohne Begründung – abgelehnt. War ich bisher zu gesund, muss ich irgendwelche Leiden erfinden, mir die Kur erschleichen? Hat nicht jeder alle vier Jahre Anspruch auf eine Reha-Maßnahme?"

Die Gesetzliche Rentenversicherung ist nicht nur für die Rentenzahlung zuständig, sondern allgemein dafür, dass jemand, der sozialversicherungspflichtig arbeitet oder gearbeitet hat, nicht vorzeitig aus gesundheitlichen Gründen seine Arbeit aufgeben muss bzw. nicht mehr arbeiten kann. Die bekannteste Leistung in diesem Bereich ist die Kur, im Gesetz heißt es: „Stationäre Rehabilitationsmaßnahme".

Ist jemand in der gesetzlichen Rentenversicherung versichert und bezieht noch keine Rente bzw. ist noch nicht im Rentenalter, ist grundsätzlich die gesetzliche Rentenversicherung für Rehabilitationsmaßnahmen, wenn es um die Erhaltung der Erwerbsfähigkeit oder Wiedererlangung der Erwerbsfähigkeit geht, zuständig. Wird also ein Antrag auf eine stationäre Rehabilitationsmaßnahme bei der Krankenkasse gestellt, wird diese regelmäßig den Antrag an die Rentenversicherung weiterleiten, wenn man noch nicht im Rentenalter ist. Wenn man jedoch „fit wie ein Turnschuh ist", ist die Erwerbsfähigkeit nicht gefährdet, sodass auch kein Anspruch gegen die gesetzliche Rentenversicherung auf Durchführung einer stationären Rehabilitationsmaßnahme besteht.

Wird bereits Rente bezogen, so besteht ebenfalls kein Anspruch gegen die Krankenkasse auf Durchführung einer Rehabilitationsmaßnahme, da ja keine behandlungsbedürftige Krankheit vorliegt und somit keine Behandlungsbedürftigkeit besteht. Nach § 4 Abs. 1 SGB IX i. V. m. § 7 SGB IX und § 9 Abs. 1 SGB IV haben die Leistungen der Rentenversicherung das Ziel, den Auswirkungen einer Krankheit oder einer körperlichen, geistigen oder seelischen Behinderung auf die Erwerbsfähigkeit des Versicherten entgegenzuwirken und dadurch Beeinträchtigungen der Erwerbsfähigkeit des Versicherten oder sein vorzeitiges Ausscheiden aus dem Erwerbsleben zu verhindern – also den Versicherten möglichst dauerhaft in das Erwerbsleben wieder einzugliedern.

Es ist zutreffend, dass man aus gesundheitlichen Gründen grundsätzlich nur alle vier Jahre Anspruch auf Durchführung einer Rehabilitationsmaßnahme hat. Aber Voraussetzung ist eben, dass aufgrund des körperlichen Zustandes die Durchführung einer Rehabilitationsmaßnahme notwendig ist. Zu den Leistungen bezüglich der Eingliederung im Arbeitsleben gehören auch Lohnzuschüsse an den Arbeitgeber. Musste man aus gesundheitlichen Gründen aus seinem Beruf ausscheiden, ist man aber noch im Sinne der Rentenversicherung voll erwerbsfähig, so kann man eventuell auch einen Arbeitsplatz finden, indem man bei der Rentenversicherung nachfragt, ob sie einen Zuschuss an den neuen Arbeitgeber zur Eingliederung zahlt.

Leserfrage an das Team „Verbraucherexperte Escher"

Henriette L. aus Plauen:
„Dass die Zeiten von Fango und Tango längst vorbei sind, leuchtet mir ein. Aber muss ich mich nach einer Hüftoperation mit einer ambulanten Reha-Maßnahme zufriedengeben? Will die Krankenkasse auf meine Kosten Geld sparen? Wie sollte ich dagegen vorgehen?"

Ob eine stationäre Reha-Maßnahme notwendig ist, entscheiden die Gutachter, zunächst der MDK (Medizinische Dienst der Krankenkassen). Ich erinnere an die Ausführungen zum Wirtschaftlichkeitsgebot im Bereich der gesetzlichen Krankenkasse. Geht es also nicht um die Wiedereingliederung ins Erwerbsleben, welche hier möglichst schnell erfolgen soll, so ist es tatsächlich so, dass nur in Ausnahmefällen die Krankenkasse eine stationäre Rehabilitationsmaßnahme zahlt. Grundsätzlich gilt in der gesetzlichen Krankenversicherung der Grundsatz ambulant vor stationär. Es müssen also schon sehr gewichtige Gründe vorliegen, dass eine ambulante Behandlung (ambulante Physiotherapie) nicht ausreichend ist.

> **§ 40 SGB V Leistungen zur medizinischen Rehabilitation**
>
> *(1)* **Reicht** *bei Versicherten eine ambulante Krankenbehandlung* **nicht aus,** *um die in § 11 Abs. 2 beschriebenen Ziele zu erreichen, erbringt die Krankenkasse* **aus medizinischen Gründen erforderliche ambulante Rehabilitationsleistungen** *in Rehabilitationseinrichtungen, für die ein Versorgungsvertrag nach § 111c besteht; dies schließt mobile Rehabilitationsleistungen durch wohnortnahe Einrichtungen ein. Leistungen nach Satz 1 sind auch in stationären Pflegeeinrichtungen nach § 72 Abs. 1 des Elften Buches zu erbringen.*
> *(2)* **Reicht die Leistung nach Absatz 1** *nicht aus, erbringt die Krankenkasse* **stationäre Rehabilitation** *mit Unterkunft und Verpflegung in einer nach § 37 Absatz 3 des Neunten Buches zertifizierten Rehabilitationseinrichtung, mit der ein Vertrag nach § 111 besteht.*

Erwerbsminderungsrente

Will man vorzeitig eine Rente, da man gesundheitlich nicht mehr in der Lage ist voll oder teilweise zu arbeiten, hat man unter bestimmten Voraussetzungen Anspruch auf die volle Erwerbsminderungsrente oder eine Teilerwerbsminderungsrente. Die Berufsunfähigkeitsrente ist für alle, die nach dem 1. Januar 1961 geboren sind, abgeschafft worden. Es gibt jetzt nur noch entweder die Rente wegen voller Erwerbsminderung oder die Rente wegen teilweiser Erwerbsminderung. Rente wegen teilweiser Erwerbsminderung erhält man, wenn man noch mindestens drei Stunden, aber keine sechs Stunden mehr täglich arbeiten kann.

Rente wegen voller Erwerbsminderung erhält man, wenn man nur noch täglich unter drei Stunden arbeiten kann. Es kommt nicht darauf an, welche Tätigkeit man zuletzt ausgeübt und welchen Beruf man erlernt hat. Eine konkrete Tätigkeit, die man noch verrichten kann, muss nicht benannt werden.

Beispiel:

> Vom Bayerischen Landessozialgericht wurde die Klage eines Mannes, der zu 100 % schwerbehindert, an einem Bein unterschenkelamputiert und

an dem anderen Bein oberschenkelamputiert war, keine Erwerbsminderungsrente anerkannt. Nach Ansicht des ärztlichen Sachverständigen war es möglich, den im Rollstuhl sitzenden Kläger ausreichend mit entsprechenden Prothesen zu versorgen. Sonstige wesentliche Erkrankungen, welche die Erwerbsfähigkeit beeinträchtigen, lagen nicht vor. Nach Ansicht des Gerichtes aufgrund einer Auskunft der Bundesagentur für Arbeit könnte der Kläger noch mindestens sechs Stunden täglich als Parkplatzwächter, als Pförtner oder Telefonist tätig sein.

Um erfolgreich einen Antrag auf (Teil-)Erwerbsminderung zu stellen, müssen zunächst gewisse Wartezeiten erfüllt worden sein (dazu später). Dann sollte man den Rentenantrag mit aussagekräftigen ärztlichen Attesten gut begründen und diese am besten gleich dem Rentenantrag beifügen. Allein die Ausfüllung eines Formulars durch den behandelnden Arzt wird in der Regel nicht zum Erfolg führen.

Die Atteste sollten sich nicht nur in Diagnosen erschöpfen, sondern schildern, wie sich die Erkrankung insgesamt auf den Betroffenen auswirkt, welche Medikamente genommen werden, die sich auf die Arbeitsfähigkeit auswirken und welche Behandlungen regelmäßig durchgeführt werden. Allein aus den Diagnosen kann noch nicht darauf geschlossen werden, wie der wirklich individuelle gesundheitliche Zustand desjenigen ist, der einen Antrag auf Erwerbsminderungsrente stellt.

In der Regel erfolgt keine ärztliche Begutachtung, weder im Rentenantrag noch im Widerspruchsverfahren. Die Rentenversicherung entscheidet lediglich aufgrund der vorliegenden ärztlichen Unterlagen. Der Arzt des Rentenantragstellers erhält zwar von der Rentenversicherung eine Vergütung, wenn er das Formular ausfüllt, jedoch nicht dafür, dass er ein entsprechendes ausführliches Attest erstellt, aus dem ersichtlich ist, wie es dem Patienten/Antragsteller wirklich geht. Ein solches Attest muss man selber bezahlen. Man sollte dies auch tun. Die Kosten von durchschnittlich zwischen 30 und 50 Euro machen sich bezahlt.

Bitten Sie die behandelnden Ärzte, entsprechend dem nachfolgenden Muster ein Attest auszustellen.

Name, Anschrift   *Datum*

Sehr geehrte Frau Doktor,
sehr geehrter Herr Doktor,

nach Rücksprache mit meinem Rechtsberater bitte ich Sie, zur Unterstützung meines Rentenantrages wegen Erwerbsminderung, gegen Rechnung, ein aussagekräftiges Attest unter Beachtung der nachfolgenden Erläuterungen auszustellen.

Bitte geben Sie alle Diagnosen bzw. Krankheitsbilder vollständig an. Ein Ausdruck aus dem Computer, der Krankenakte genügt dabei nicht. Beachten Sie, dass zu einer sachgerechten Beurteilung es nicht auf die Diagnose allein ankommt, sondern auf das „Leidensbild". Insofern ist auch die Angabe der Therapie von ausschlaggebender Bedeutung.
Bitte geben Sie an, ob und ggf. welche Medikamente ich regelmäßig einnehmen muss und wie sich dies eventuell auf mein Befinden auswirkt, z. B. ob dadurch meine Konzentrationsfähigkeit oder die Teilnahme am Straßenverkehr beeinträchtigt ist, ob und inwiefern meine Arbeitsfähigkeit beeinträchtigt ist. Beachten Sie, dass die Rentenversicherung allein darauf abstellt, inwiefern ich theoretisch noch auf dem sogenannten allgemeinen Arbeitsmarkt tätig sein kann. Typische Verweisungsberufe sind insofern auch Parkplatzwächter, Pförtner, Telefonisten.

Die Rentenversicherung stellt darauf ab, ob eine Tätigkeit auf dem allgemeinen Arbeitsmarkt täglich noch sechs Stunden (keine Erwerbsminderung), drei bis unter sechs Stunden (teilweise Erwerbsminderung) oder unter drei Stunden (volle Erwerbsminderung) verrichtet werden kann.
Sollte eine mögliche Therapie wegen Therapieresistenz oder Ausschöpfung der therapeutischen Maßnahmen nicht oder nicht mehr durchgeführt werden, bitte ich ebenfalls um entsprechende Angaben.

Bitte geben Sie auch an, seit wann in den letzten drei Jahren Arbeitsunfähigkeit bestand und ggf. noch besteht, unabhängig davon, ob und für welchen Zeitraum Arbeitsunfähigkeitsbescheinigungen ausgestellt worden sind.

Unterschrift

Medizinische Voraussetzungen für eine Erwerbsminderungsrente

Grundsätzlich hat derjenige, der die Zähne zusammenbeißt und kaum zum Arzt geht, eine geringere Chance, eine Erwerbsminderungsrente zu erhalten, als derjenige, der viel zum Arzt geht. Diese Einstellung kommt auch immer wieder in den Entscheidungen der Sozialgerichte zum Ausdruck, wenn in einem bei meinem Mandanten ablehnenden Urteil ausgeführt wird: *„Offensichtlich ist der Leidensdruck des Klägers nicht groß, entsprechende Behandlungen hat er nicht durchgeführt"* oder *„die Therapiemöglichkeiten sind noch nicht ausgeschöpft."*

Ein großes Problem bei der Frage, ob man sich noch in der Lage fühlt arbeiten zu können, ist das sogenannte Schmerzempfinden. In der Regel leidet derjenige, der Rente beantragt unter Schmerzen.

Ob und inwiefern Schmerzen vorhanden sind, kann derzeit noch nicht objektiv untersucht werden. Jeder empfindet Schmerzen anders. Aus diesem Grund empfehle ich meinen Mandanten grundsätzlich, sich durch einen Psychologen oder Psychotherapeuten behandeln zu lassen. In vielen Fällen kann durch den Bericht des Psychologen oder Psychotherapeuten der Rentenversicherung bzw. dem Gericht dargelegt werden, dass der individuelle Leidensdruck so hoch ist, dass eben eine Erwerbsminderung vorliegt. Bei chronischen Schmerzen wird auch grundsätzlich darauf verwiesen, dass man zunächst eine Schmerztherapie durchführen soll. Ist diese noch nicht geschehen, wird die Erwerbsminderungsrente mit der Begründung versagt, dass noch nicht alle Therapiemöglichkeiten ausgeschöpft sind. Entsprechend verhält es sich, wenn man psychische Beschwerden vorbringt, sich jedoch nicht in ständiger Behandlung befindet. Wenn dies geschehen ist, und der Psychologe oder Psychiater meint, er könne nichts mehr tun, bzw. durch die Behandlung könne die Erwerbsfähigkeit nicht gebessert bzw. wiederhergestellt werden, benötigen Sie ein entsprechendes Attest.

In der Regel wird der Rentenantragsteller weder im Antragsverfahren noch im Widerspruchsverfahren von einem Arzt der Rentenversicherung untersucht. Dies geschieht in der Regel frühestens, wenn der Rentenantragsteller vor dem Sozialgericht klagt. Dort wird der Betreffende dann von einem Arzt meist im Gericht vor der mündlichen Verhandlung kurz untersucht bzw. begutachtet. Diese Gutachten sind oft fragwürdig. Auch handelt es sich in der Regel immer um die gleichen Gutachter, die oft nicht auf dem Stand der aktuellen medizinischen Wissenschaft sind. Hinzu kommt, dass diese Gutachter in gewissem Maße vom Gericht abhängig sind. Sie sind nicht beim Gericht angestellt, sondern werden immer wieder beauftragt. Dies ist für einige Gutachter eine wichtige Einnahmequelle. Ob und wann sie wieder vom Gericht zur Erstellung von Gutachten beauftragt werden, ist allein von den Richtern abhängig.

Mir hatte einmal im Vertrauen ein solcher Gutachter gesagt, dass ein Richter ihn mehrmals veranlasst habe, über sein Gutachten, welches für den Versicherten günstig war, nachzudenken. In meiner über 30-jährigen Tätigkeit vor dem Sozialgericht habe ich immer wieder den Eindruck gewonnen, dass manche Richter und Gutachter meinen, sie müssten möglichst streng im Sinne der Rentenversicherung entscheiden. Derjenige, der vor Gericht seine Erwerbsminderungsrente einklagen will, hat jedoch die Möglichkeit, gegen ein vom Gericht im Wege der Amtsermittlungspflicht eingeholtes negatives Gutachten vorzugehen.

Der Kläger hat die Möglichkeit, gemäß § 109 SGG (Sozialgerichtsgesetz) zu beantragen, dass das Gericht ein (Gegen-)Gutachten von einem Gutachter einholt, den er benennt.

Hier gibt es jedoch ein Problem. Die Kosten für dieses vom Kläger beantragte Gutachten müssen vom Kläger vorgestreckt werden. In der Regel verlangt das Sozialgericht einen Kostenvorschuss für die Einholung eines solchen Gutachtens zwischen 2.500 und 3.500 Euro.

Es ist daher ratsam, dass man, bevor man einen Rentenantrag stellt, eine Rechtsschutzversicherung, die die Kosten sozialrechtlicher Verfahren übernimmt, abschließt. Hierbei soll man darauf achten, dass nicht erst die Kosten für ein Klageverfahren, sondern die Kosten auch für das Verwaltungsverfahren übernommen werden. Zudem muss sichergestellt sein, dass die Wartezeit für den Eintritt der Rentenversicherung erfüllt ist. Erst dann sollte der Antrag gestellt werden.

Versicherungsrechtliche Voraussetzungen für eine Erwerbsminderungsrente

Selbst wenn man nachweisen kann und das von der Rentenversicherung auch bestätigt bekommt, dass man erwerbsgemindert ist, heißt das noch lange nicht, dass man tatsächlich eine Rente erhält. Neben den gesundheitlichen Voraussetzungen müssen bestimmte rentenrechtliche Zeiten erfüllt sein. Aus diesem Grund passiert es immer wieder, dass die Rente ohne Prüfung abgelehnt wird, mit der Begründung, dass die entsprechenden Zeiten nicht erfüllt sind. Hier sollte man nicht gleich aufgeben, sondern Widerspruch einlegen und gegebenenfalls mit einer Klage dagegen vorgehen. Es ist nicht selten, dass die von der Rentenversicherung berücksichtigten Versicherungszeiten nicht vollständig sind. Aus diesem Grund muss man unbedingt, bevor man einen Rentenantrag wegen Erwerbsminderung stellt, eine entsprechende Auskunft bei der Rentenversicherung einholen. Erhält man die Auskunft, dass die versicherungsrechtlichen Voraussetzungen für die Gewährung einer Erwerbsminderungsrente nicht gegeben sind, sollte man sich von einem Rentenberater beraten lassen und herausfinden, ob nicht vielleicht doch notwendige Rentenzeiten vorhanden sind und eine Korrektur des Versicherungsverlaufes beantragen. In diesem Zusammenhang ist nochmals darauf hinzuweisen, dass man bei Arbeitslosigkeit darauf achten soll, dass tatsächlich entsprechenden Rentenzeiten nahtlos erfüllt sind, z. B. durch die Arbeitslosenmeldung etc.

Ist man arbeitslos und bezieht weder Arbeitslosengeld 1 noch Arbeitslosengeld 2, sollte man sich rein vorsorglich freiwillig in der Rentenversicherung versichern. Dies ist grundsätzlich auch nachträglich für das vergangene Jahr möglich. Dieser Antrag muss aber in der ersten drei Monaten des Folgejahres gestellt werden.

Am besten ist es, wenn man von Arbeitslosigkeit bedroht ist (ggf. auch aufgrund eines Aufhebungsvertrages mit Abfindung), sich rechtzeitig bei einer Beratungsstelle der Rentenversicherung beraten zu lassen. Auskunft, wo die nächste Beratungsstelle ist, geben die Rentenversicherungen. Auch im Internet findet man die entsprechenden Adressen.

SGB VII (GESETZLICHE UNFALLVERSICHERUNG)

Die gesetzliche Unfallversicherung tritt ein bei Arbeits- und Wegeunfällen sowie bei Krankheiten, welche man sich bei der Arbeit zugezogen hat. Die Leistungen umfassen Kosten für die Behandlung von Arbeits- und Wegeunfällen sowie bei Berufskrankheiten. Die Versicherung bezahlt auch Renten wegen einer Minderung der Erwerbsfähigkeit aufgrund der Folgen von Arbeit oder von Unfällen sowie von Berufskrankheiten. Sie übernimmt Krankengeld, Rehabilitationsmaßnahmen, Leistungen zur Eingliederung in das Erwerbsleben und Renten an Hinterbliebene.

Jeder Arbeitnehmer ist gesetzlich unfallversichert. Darüber hinaus kann sich jeder Selbstständige, jeder Unternehmer freiwillig bei der gesetzlichen Unfallversicherung versichern.

Weniger bekannt ist, dass auch jemand, der einen Unfall nicht direkt auf Arbeit erleidet, ebenfalls Leistungen der gesetzlichen Unfallversicherung beanspruchen kann. Beispiele sind hier die Mithilfe beim Nachbarn oder die Tätigkeit als sogenannter Unfallhelfer etc. Versichert sind unter Umständen auch Familienangehörige von Selbstständigen. Ebenfalls sind in der gesetzlichen Unfallversicherung Schüler, Studenten und Auszubildende versichert. Eine ausführliche Beschreibung, für wen die gesetzlichen Unfallversicherung Leistungen bereithält, finden Sie im Gesetzesauszug (§ 2 SGB VII) am Schluss des Buches.

Wie erfährt die gesetzliche Unfallversicherungsversicherung davon, dass sie für mich Leistungen erbringen muss? Im Gegensatz zu sonstigen Leistungen, die man nur auf Antrag erhält, muss die Unfallversicherung ohne Antrag aktiv werden. Voraussetzung ist, sie weiß, dass ein Arbeitsunfall vorliegt. Der Arbeitgeber ist verpflichtet, einen Arbeitsunfall zu melden. Oft geschieht dies jedoch aus verschiedenen Gründen nicht. Auch aus Unkenntnis werden Arbeits- und Wegeunfälle, insbesondere wenn diese während der entgeltlichen Arbeitstätigkeit geschehen, der gesetzlichen Unfallversicherung nicht gemeldet. Glaubt man, eine dauernde gesundheitliche Beeinträchtigung, also eine Krankheit, aufgrund seiner beruflichen Tätigkeit erlitten zu haben, sollte man den Antrag auf Anerkennung einer Berufskrankheit stellen.

Im Gegensatz zu Arbeits- und Wegeunfällen gestaltet sich die Anerkennung einer Berufskrankheit oft sehr schwierig. Grundsätzlich muss, damit eine Erkrankung als Berufskrankheit anerkannt wird, diese in einem ständig aktualisierten Verzeichnis enthalten sein.

Verhältnis gesetzliche Krankenversicherung – gesetzliche Unfallversicherung – Mehrleistung

Muss die gesetzliche Unfallversicherung für einen Arbeits- oder Wegeunfall oder eine Berufskrankheit leisten, so sind die Leistungen umfangreicher als die der gesetzlichen Krankenversicherung.

So werden Fahrtkosten gezahlt, der Eigenanteil bei Arznei-, Heil- und Hilfs- mitteln entfällt. Sind stationäre Rehabilitationsmaßnahmen notwendig, so werden diese in der Regel in besonderen Rehabilitationseinrichtungen der gesetzlichen Unfallversicherung erbracht. Für bestimmte Unfallfolgen und Erkrankungen bestehen Spezialkliniken, die einen ausgezeichneten Ruf ha- ben.

Ist die gesetzliche Unfallversicherung für die Behandlung zuständig, so darf diese grundsätzlich nur durch Ärzte durchgeführt werden, die einen Vertrag mit der gesetzlichen Unfallversicherung haben. Haben Sie also einen Wege- oder Arbeitsunfall erlitten und gehen Sie zu Ihrem Hausarzt oder zu Ihrem Orthopäden etc. und dieser hat keinen Vertrag mit der gesetzlichen Unfall- versicherung, so darf Sie Ihr Arzt nicht auf Kosten der gesetzlichen Kranken- versicherung behandeln. Das ist allenfalls notfallmäßig möglich. Der Haus- arzt muss Sie dann zum sogenannten Durchgangsarzt verweisen. Das erweist sich immer wieder als Problem.

Wenn jemand Leistungen der gesetzlichen Unfallversicherung haben will, ist er im Streitfall voll beweispflichtig, dass der Schaden, die Krankheit in die Verantwortung der gesetzlichen Unfallversicherung fällt. Dies bezieht sich nicht nur auf den Arbeits- oder Wegeunfall, sondern auch auf die Un- fallfolgen, ebenfalls auf die Geltendmachung einer Berufskrankheit. Es muss bewiesen sein, dass die Erkrankung auch wirklich auf die in der ge- setzlichen Unfallversicherung sogenannte versicherte Tätigkeit zurückzu- führen ist. Wenn man nicht sofort die entsprechenden Beweise sichern kann, ist es in der Regel im Nachhinein, oft nach Jahren, nicht mehr nach- weisbar, dass die Unfallfolgen oder die Berufskrankheit tatsächlich auf die bei der gesetzlichen Unfallversicherung versicherte Tätigkeit zurückzufüh- ren sind.

Es gilt der Grundsatz, dass die Unfallfolgen eine sogenannte wesentliche Mit- ursache für die Erkrankung sein müssen, wenn die gesetzliche Unfallversi- cherung die Behandlung oder Rente zahlen soll. Dabei gilt grob gesagt, dass – wenn entsprechende Vorerkrankungen bestehen – das Unfallereignis sich mindestens zu 50 Prozent auf die Unfallschäden auswirken muss.

Ein Beispiel und dauerndes Ärgernis sind Bandscheibenschäden.

Beispiel:

> *Meine Mandantin fiel während der Arbeit von ihrem Bürodrehstuhl. Sie hatte danach erhebliche Schmerzen und machte geltend, dass sie aufgrund dieses Unfalls Bandscheibenschäden erlitten hätte. Sie wollte eine Rente von der gesetzlichen Unfallversicherung haben. Diese lehnte die Zahlung einer Rente aber ab, da entsprechende Vorschäden vorhanden gewesen seien, welche eine Mitursache für die Bandscheibenschäden meiner Mandantin gewesen wären. Der Gutachter der Berufsgenossenschaft kam zum Ergebnis, dass die Dauerschäden, die meine Mandantin geltend gemacht hatte, nicht im Wesentlichen auf das Unfallereignis, sondern auf krankheitsbedingte, unfallunabhängige Vorschäden zurückzuführen seien. Meine Mandantin musste nunmehr, da im Bereich der gesetzlichen Unfallversicherung der Versicherte nachweisen muss, dass die Dauerschäden, aufgrund derer sie Rente von der Berufsgenossenschaft wollte, mindestens zu 50 Prozent auf den Unfall zurückzuführen sind, dies durch entsprechende Gutachten im Sozialgerichtsprozess nachweisen. Der Gutachter, welcher zunächst im Auftrag des Gerichtes tätig war, bestätigte das für meine Mandantin negative Gutachten des von der gesetzlichen Unfallversicherung beauftragten Gutachters. Das auf Antrag meiner Mandantin im Sozialgerichtsprozess eingeholte Gutachten, welches zu einem anderen Ergebnis kam, wurde, da der vom Gericht bestellte Gutachter bei seiner Meinung blieb, vom Gericht nicht anerkannt. Meine Mandantin verlor den Prozess.*

Da in der Regel nicht der eigene Arzt, zu dem man Vertrauen hat, untersuchen oder behandeln darf, wird es oft schwierig. Wenn bei der Erstuntersuchung und danach nicht objektiv und sorgfältig gearbeitet wird, muss nachgewiesen werden, dass der Befund des Arztes der Berufsgenossenschaft unrichtig war. Wenn man sicherstellen will, dass es zu einer objektiven Untersuchung, Diagnose und Befunderhebung kommt, bleibt einem nichts anderes übrig, als zunächst den Arzt seines Vertrauens aufzusuchen, sich privat behandeln zu lassen und dann der Berufsgenossenschaft den Schaden zu melden.

Fall:

> *Im Winter bin ich mit der Bahn von einem Seminar aus Berlin nach Nürnberg gefahren, wo ich mein Auto geparkt hatte, um von dort nach*

Erlangen nach Hause zu fahren. An diesem Abend kam es zu einem heftigen Unwetter, sodass die Bahnsteige und Fußgängerunterführungen sowie Straßen nicht richtig geräumt werden konnten. Der Straßenverkehr war auch sehr beeinträchtigt. Aufgrund der Schneeglätte fiel ich auf einer der letzten Stufen der Treppe zum Fußgängertunnel hin und verletzte mich an der rechten Hand so schwer, dass diese anschwoll und ich große Schmerzen hatte. Unter großen Schmerzen fuhr ich mit meinem Auto nach Hause und ging am nächsten Tag zu meinem Orthopäden, bei dem ich schon seit über 20 Jahren in Behandlung bin. Dieser hat keinen Vertrag mit der gesetzlichen Unfallversicherung. Er wollte mich, da es sich um einen Arbeitsunfall handelte, an den Durchgangsarzt der gesetzlichen Unfallversicherung verweisen. Da ich Privatpatient bin, bestand ich darauf, dass er mich zunächst untersucht. Ich wurde geröntgt, am nächsten Tag wurde eine Computertomografie meiner Hand durchgeführt. Die eindeutige Diagnose lautete, dass meine Hand angebrochen war. Ich bekam einen entsprechenden Verband und wurde mehrere Wochen krankgeschrieben. Ich meldete dies meiner gesetzlichen Unfallversicherung, die mir dann mitteilte, dass ich zum Arzt, mit dem sie einen Vertrag hat, gehen müsse.

Ich übergab dem Arzt den Arztbericht meines Orthopäden und den Bericht bezüglich Röntgen- und Computertomografie.
Zwei Wochen später erhielt ich ein Schreiben meiner gesetzlichen Unfallversicherung, dass der Durchgangsarzt, also der Arzt der Unfallversicherung dieser mitgeteilt habe, dass ich mir lediglich die Hand geprellt habe und max. 14 Tage arbeitsunfähig war.
Unter Beifügung der eindeutigen Befunde, die unmittelbar nach dem Unfallereignis erhoben wurden, widersprach ich den angeblichen Feststellungen des Durchgangsarztes der Berufsgenossenschaft. Dieser blieb dann nichts anderes übrig, als den Feststellungen meines Orthopäden, der Praxis, die das CT angefertigt hatte, zu folgen.

Solche Vorfälle kamen in meiner über 30-jährigen Praxis immer wieder vor. Wobei es selten war, dass man, wie in meinem Fall, so eindeutig nachweisen konnte, dass der Durchgangsarzt eine falsche Diagnose gestellt hatte. Gleichwohl konnte ich in mehreren Fällen nachweisen, dass die Befunde, Diagnosen des Durchgangsarztes unrichtig bzw. unvollständig waren.

SGB IX (BEHINDERTENRECHT – REHABILITATION UND TEILHABE)

Im SGB IX befinden sich Allgemeine Vorschriften für die Rehabilitation und Teilhabe behinderter und von einer Behinderung bedrohter Menschen. Diese Vorschriften gelten teilweise für das gesamte Sozialrecht. Die verschiedenen Gesetze (gesetzliche Krankenversicherung, Sozialhilfe, Rentenversicherung etc.) verweisen öfters auf das SGB IX.

Behinderung und Kündigung des Arbeitsverhältnisses

Es ist ein Irrglaube, dass einem Schwerbehinderten oder einem Schwerbehinderten Gleichgestellten das Arbeitsverhältnis nicht gekündigt werden kann.
Voraussetzung für eine Kündigung eines Schwerbehinderten oder eines Gleichgestellten ist jedoch, dass vorher der Arbeitgeber einen Antrag beim Versorgungsamt/Integrationsamt auf Zustimmung der Kündigung stellt und das Integrationsamt die Zustimmung zur Kündigung erteilt. Liegt diese vor, kann der Arbeitgeber dem Schwerbehinderten oder Gleichgestellten kündigen.

Das Amt muss Sie vorher anhören. Machen Sie nicht den Fehler, darauf nicht zu reagieren, bzw. machen Sie sich sachkundig, gegebenenfalls lassen Sie sich durch einen Fachanwalt für Sozial- oder Arbeitsrecht beraten und vertreten.

Sollte dann ein Bescheid ergehen, dass das Amt der Kündigung zustimmt, so sollten Sie unverzüglich dagegen Widerspruch einlegen. Für die entsprechende Argumentation benötigen Sie in der Regel sachkundige Hilfe. Können Sie sich keinen Rechtsanwalt leisten, so sei nochmals auf die Vertretung durch Sozial- und Wohlfahrtsverbände hingewiesen.

Feststellung der Behinderung bzw. Schwerbehinderung nach § 2 SGB IX

§ 2 SGB IX Begriffsbestimmungen
(1) Menschen mit Behinderungen sind Menschen, die körperliche, seelische, geistige oder Sinnesbeeinträchtigungen haben, die sie in Wechselwirkung mit einstellungs- und umweltbedingten Barrieren an der gleichberechtigten Teilhabe an der Gesellschaft mit hoher Wahrscheinlichkeit länger als sechs Monate hindern können. Eine Beeinträchtigung nach Satz 1 liegt vor, wenn

der Körper- und Gesundheitszustand von dem für das Lebensalter typischen Zustand abweicht. Menschen sind von Behinderung bedroht, wenn eine Beeinträchtigung nach Satz 1 zu erwarten ist.

(2) Menschen sind im Sinne des Teils 3 schwerbehindert, wenn bei ihnen ein Grad der Behinderung von wenigstens 50 vorliegt und sie ihren Wohnsitz, ihren gewöhnlichen Aufenthalt oder ihre Beschäftigung auf einem Arbeitsplatz im Sinne des § 156 rechtmäßig im Geltungsbereich dieses Gesetzbuches haben.

Sind Sie der Meinung, dies trifft auf Sie zu, können Sie beim für Sie zuständigen Versorgungsamt einen Antrag auf Feststellung einer Behinderung/ Schwerbehinderung gem. § 2 SGB IX stellen.

Es genügt zunächst ein formloser Antrag, wie am Anfang des Buches beschrieben. Ein solcher Antrag kann wie folgt aussehen:

Abs: Name, Adresse   *Datum*
An das Versorgungsamt XY

Antrag auf Anerkennung einer Schwerbehinderung nach § 2 SGB IX

Hiermit stelle ich den Antrag auf Zuerkennung einer Schwerbehinderung und Ausstellung eines Schwerbehindertenausweises.
Bitte senden Sie mir die entsprechenden Formulare zu.

Unterschrift

Diesen Antrag können Sie über Ihre Gemeindeverwaltung, das Landratsamt, Ihre Stadt stellen. Sie erhalten dann ein Formular, welches Sie entsprechend ausfüllen müssen. Ich verweise auf die Ausführungen am Anfang dieses Buches im Kapitel über die Antragstellung und Ausfüllung von Formularen. Damit Ihr Antrag möglichst schon von vornherein erfolgreich ist, sollten Sie nicht nur Ihre behandelnden Ärzte in dem Formular angeben, sondern dem Antrag aussagekräftige Atteste beifügen. Sie sollten mit einem entsprechenden Anschreiben bei Ihrem Arzt bzw. bei Ihren behandelnden Ärzten ein entsprechendes Attest gemäß nachfolgendem Muster anfordern.

Beispiel eines Arztanschreibens zu einem Antrag auf Feststellung einer Behinderung nach § 2 SGB IX:

Name, Anschrift *Datum*

Sehr geehrte Frau Doktor,
sehr geehrter Herr Doktor,

nach Rücksprache mit meinem Rechtsberater bitte ich Sie, zur Unterstützung meines Antrages auf Anerkennung einer Schwerbehinderung, gegen Rechnung, ein aussagekräftiges Attest unter Beachtung der nachfolgenden Erläuterungen auszustellen.
Bitte geben Sie alle Diagnosen bzw. Krankheitsbilder vollständig an. Ein Ausdruck aus dem Computer, der Krankenakte genügt dabei nicht.
Beachten Sie, dass zu einer sachgerechten Beurteilung es nicht auf die Diagnose allein ankommt, sondern auf das „Leidensbild". Insofern ist auch die Angabe der Therapie von ausschlaggebender Bedeutung.
Bitte geben Sie an, ob und ggf. welche Medikamente ich regelmäßig einnehmen muss und wie sich dies eventuell auf mein Befinden auswirkt, z. B. ob dadurch die Konzentrationsfähigkeit oder die Teilnahme am Straßenverkehr beeinträchtigt ist etc.
Sollte eine mögliche Therapie wegen Therapieresistenz oder Ausschöpfung der therapeutischen Maßnahmen nicht oder nicht mehr durchgeführt werden, bitte ich ebenfalls um entsprechende Angaben.
Bitte geben Sie auch an, seit wann in den letzten zwei Jahren Arbeitsunfähigkeit bestand und ggf. noch besteht.
Ich weise höflichst darauf hin, dass Sie im Internet auf der Seite http://www.versorgungsmedizinische-grundsaetze.de/ nähere Ausführung finden.
Bitte gestalteten Sie das Attest so, dass diesem entsprechend den versorgungsmedizinischen Grundsätzen zu entnehmen ist, wie die Behinderung einzuordnen ist. Entsprechend z. B. Nr. 18.2.1 (natürlich bezogen auf mein Krankheitsbild) wollen Sie bitte nachvollziehbar für den Gutachter des Versorgungsamtes angeben, z. B.

ohne wesentliche *Funktionseinschränkung*
mit leichten Beschwerden
oder

> **mit geringen Auswirkungen**
> (leichtgradige Funktionseinbußen und Beschwerden, je nach
> Art und Umfang des Gelenkbefalls, geringe Krankheitsaktivität).
>
> Mit freundlichen Grüßen
> Unterschrift

Erhalten Sie dann einen Bescheid vom Versorgungsamt und sind nicht mindestens 30 Prozent Behinderung anerkannt, so sollten Sie Widerspruch einlegen. Wenn Ihnen eine Behinderung von weniger als 50 Prozent aber mindestens 30 Prozent anerkannt worden ist, können Sie beim Arbeitsamt einen Antrag auf Gleichstellung mit einem Schwerbehinderten stellen. Wird diesem Antrag stattgegeben, so genießen Sie zumindest erweiterten Kündigungsschutz und auch teilweise dieselben Rechte wie ein schwerbehinderter Arbeitnehmer.

Reichen Ihnen die 30 oder 40 Prozent Behinderung nicht aus, z. B. weil sie früher in Rente gehen wollen und dafür Voraussetzung ist, dass Sie schwerbehindert sind, also ein Grad der Behinderung von mindestens 50 Prozent festgestellt wird oder ein Merkzeichen, wie z. B. „G" (gehbehindert), „aG" (außergewöhnlich gehbehindert) zuerkannt haben wollen, legen Sie gemäß dem Muster am Anfang des Buches Widerspruch gegen den Bescheid des Versorgungsamtes ein. Hierbei sollten Sie gleich das Gutachten, welches dem Bescheid zugrunde liegt, anfordern.

Folgende Merkzeichen gibt es:
G — Beeinträchtigung der Bewegungsfähigkeit
aG — Außergewöhnliche Gehbehinderung
H — Hilflosigkeit
Bl — Blindheit
Gl — Gehörlosigkeit
TBl — Taubblindheit
B — Begleitperson
1 Kl — 1. Klasse
RF — Rundfunk/Fernsehen
Kriegsbeschädigt
EB — Entschädigungsberechtigt
VB — Versorgungsberechtigt

Weitere Merkzeichen nach Landesrecht
HS — Hochgradig Sehbehindert (Mecklenburg-Vorpommern)
T — Teilnahmeberechtigung am Sonderfahrdienst (Berlin).

Welche Sonderrechte mit den entsprechenden Merkzeichen verbunden sind, können Sie beim Versorgungsamt erfragen. Sie finden dies aber auch z. B. im Internet unter https://www.schwerbehindertenausweis.de/behinderung/ausweis/die-merkzeichen

Leserfrage an das Team „Verbraucherexperte Escher"

Olaf D. aus Cottbus:
„Vor fünf Jahren hatte ich eine Not-Operation am Herzen, ich bekam zwei Bypässe. Mein Antrag auf Behindertenprozente wurde mit der Begründung abgelehnt, ich hätte keinerlei körperliche Einschränkungen. Ein halbes Jahr nach dem lebensrettenden Eingriff nahm ich meine Arbeit wieder auf, allerdings nicht mehr in Schichtbetrieb. Ich kann nicht nachvollziehen, warum Unterschiede gemacht werden zwischen Herz- und Krebserkrankten. Mein Kollege hatte einen Tumor, der erfolgreich behandelt worden ist. Heute gilt er als vollständig geheilt, dennoch hat er eine Behinderung von 50 Prozent zuerkannt bekommen. Warum wurde mein Antrag abgelehnt, obwohl ich nach der Herz-OP nicht mehr zu 100 Prozent leistungsfähig bin? Macht es Sinn, erneut einen Antrag zu stellen?"

Allein die Tatsache, dass Sie eine Operation hatten, ist noch kein Grund für das Vorliegen einer Behinderung oder Schwerbehinderung nach § 2 SGB IX. Es müssen vielmehr über einen Zeitraum von mindestens sechs Monaten Leistungseinschränkungen gegeben sein, die nach den versorgungsmedizinischen Grundsätzen einen Grad der Behinderung ergeben. Hierüber müssen Sie sich, wie oben beschrieben, von Ihrem Arzt ein Attest ausstellen lassen.

__Die Versorgungsmedizinischen Grundsätze führen in Nr. 9.1 Folgendes aus:__

9.1 Krankheiten des Herzens
9.1.1 Einschränkung der Herzleistung:
1. keine wesentliche Leistungsbeeinträchtigung

(keine Insuffizienzerscheinungen wie Atemnot, anginöse Schmerzen) selbst bei gewohnter stärkerer Belastung (z. B. sehr schnelles Gehen [7–8 km/h], schwere körperliche Arbeit), keine Einschränkung der Sollleistung bei Ergometerbelastung; bei Kindern und Säuglingen (je nach Alter) beim Strampeln, Krabbeln, Laufen, Treppensteigen keine wesentliche Leistungsbeeinträchtigung, keine Tachypnoe, kein Schwitzen **Grad der Behinderung 0–10**

2. Leistungsbeeinträchtigung bei mittelschwerer Belastung

(z. B. forsches Gehen [5–6 km/h], mittelschwere körperliche Arbeit), Beschwerden und Auftreten pathologischer Messdaten bei Ergometerbelastung mit 75 Watt (wenigstens 2 Minuten); bei Kindern und Säuglingen Trinkschwierigkeiten, leichtes Schwitzen, leichte Tachy- und Dyspnoe, leichte Zyanose, keine Stauungsorgane, Beschwerden und Auftreten pathologischer Messdaten bei Ergometerbelastung mit 1 Watt/kg Körpergewicht

Grad der Behinderung 20–40

3. Leistungsbeeinträchtigung bereits bei alltäglicher leichter Belastung

(z. B. Spazierengehen [3–4 km/h], Treppensteigen bis zu einem Stockwerk, leichte körperliche Arbeit), Beschwerden und Auftreten pathologischer Messdaten bei Ergometerbelastung mit 50 Watt (wenigstens 2 Minuten); bei Kindern und Säuglingen deutliche Trinkschwierigkeiten, deutliches Schwitzen, deutliche Tachy- und Dyspnoe, deutliche Zyanose, rezidivierende pulmonale Infekte, kardial bedingte Gedeihstörungen, Beschwerden und Auftreten pathologischer Messdaten bei Ergometerbelastung mit 0,75 Watt/kg Körpergewicht **Grad der Behinderung 50–70**

mit gelegentlich auftretenden, vorübergehend schweren Dekompensationserscheinungen **Grad der Behinderung 80**

4. Leistungsbeeinträchtigung bereits in Ruhe (Ruheinsuffizienz), z. B. auch bei fixierter pulmonaler Hypertonie); bei Kindern und Säuglingen auch hypoxämische Anfälle, deutliche Stauungsorgane, kardiale Dystrophie **Grad der Behinderung 90–100**

(Die für Erwachsene angegebenen Wattzahlen sind auf mittleres Lebensalter und Belastung im Sitzen bezogen.)

Liegen weitere objektive Parameter zur Leistungsbeurteilung vor, sind diese entsprechend zu berücksichtigen. Notwendige körperliche Leistungsbeschränkungen (z. B. bei höhergradiger Aortenklappenstenose, hypertrophischer obstruktiver Kardiomyopathie) sind wie Leistungsbeeinträchtigungen zu bewerten.

Wenn hier etwas auf Sie zutrifft, gehen Sie zu Ihrem Arzt, zeigen Sie ihm den entsprechenden Ausdruck aus den Versorgungsmedizinischen Grundsätzen und bitten ihn, Ihnen ein entsprechendes Attest, welches entsprechend den obigen Ziffern eine Behinderung bestätigt, auszustellen. Mit einem neuen Antrag reichen Sie dann dieses Attest beim Versorgungsamt ein.

Haben Sie mehrere Behinderungen, so müssen natürlich alle einzeln festgestellt und durch ein ärztliches Attest nachgewiesen werden. Zu beachten ist jedoch, dass bei Vorliegen mehrerer Behinderungen diese nicht zusammengerechnet werden, sondern eine Gesamtbetrachtungsweise vorzunehmen ist und danach ein Gesamtgrad der Behinderungen festzustellen ist.

Es gibt vier Grundsätze, wie der Gesamtgrad der Behinderungen bei Vorliegen mehrerer Behinderungen ermittelt werden kann.

1. Die Auswirkungen der einzelnen Funktionsbeeinträchtigungen können voneinander unabhängig sein und damit ganz verschiedene Bereiche im Ablauf des täglichen Lebens betreffen.

2. Eine Funktionsbeeinträchtigung kann sich auf eine andere besonders nachteilig auswirken. Dies ist vor allem dann der Fall, wenn sie an paarigen Gliedmaßen oder Organen (z. B. beide Nieren, Arme, Augen) vorliegen.

3. Die Auswirkungen von Funktionsbeeinträchtigungen können sich überschneiden.

4. Die Auswirkungen einer Funktionsbeeinträchtigung werden durch eine hinzutretende Gesundheitsstörung nicht verstärkt.

Eine oder mehrere zusätzliche leichte Gesundheitsstörungen mit einem GdB von 10 führen, von Ausnahmefällen abgesehen, nicht zu einer Zunahme des Ausmaßes der Gesamtbeeinträchtigung. Liegen also z. B. drei Behinderungen mit einem GdB von jeweils 10 von Hundert vor, bleibt es beim Gesamtgrad der Behinderung von 10 von Hundert.

Auch bei mehreren leichten Funktionsbeeinträchtigungen mit einem GdB von jeweils 20 wird grundsätzlich nicht eine wesentliche Zunahme der Behinderung festgestellt und es bleibt bei einen Gesamt-GdB von 20 von Hundert.

Das Ergebnis der Beurteilung muss immer begründet werden. In den Gutachten der Versorgungsämter, aber auch in den Gutachten der Ärzte, die in Schwerbehindertenangelegenheiten im Klageverfahren vor Gericht in der Regel vor der mündlichen Verhandlung erstellt werden, habe ich noch nie eine Begründung gefunden, die auf die entsprechenden Ziffern in den versorgungsmedizinischen Grundsätzen hinweist. Wenn nur eine geringe Erhöhung des GdB bei Vorliegen mehrerer Behinderungen festgestellt wurde, wird dies in der Regel im Gutachten nicht hinreichend begründet.

Drucken Sie sich aus dem Internet das für Sie infrage Kommende (bei Ihnen ist es das Kapitel über Herzerkrankungen) aus und übergeben Sie dies entsprechend meinem Antragsmuster schriftlich Ihrem Arzt. Beziehen Sie sich auf die Anlage (Ausdruck des betreffenden Kapitels der versorgungsmedizinischen Grundsätze).

Sie können im Internet natürlich auch direkt den Begriff „Versorgungsmedizinische Grundsätze" eingeben. Wenn Sie kein Internet haben, können Sie diese auch über den VdK oder den Buchhandel erwerben. Die Broschüre ist aber auch über das Sozialministerium erhältlich.

Ein Widerspruch an das Versorgungsamt kann in etwa wie folgt aussehen:

Absender: Name, Adresse   *Datum*
An das Versorgungsamt XY

Betrifft Bescheid vom xx.xx. Xx
Ihr Aktenzeichen:

Hiermit erhebe ich gegen den in Kopie beigefügten Bescheid vom xx.xx.xx

Aktenzeichen: XY

Widerspruch.

Ich stelle folgenden Antrag:

Der Bescheid des Versorgungsamtes XY vom xx.xx.xx, Aktenzeichen: XY, wird abgeändert und festgestellt, dass ein höherer Grad der Behinderung als X von 100 gegeben ist.

(Gegebenenfalls, noch hinzufügen: Weiterhin beantrage ich die Zuerkennung des Merkzeichen „G", „aG" etc. – Entsprechendes angeben)

Begründung:

Nach Dafürhalten meiner behandelnden Ärzte sind nicht alle meine gesundheitlichen Beschwerden vollständig und richtig gewürdigt worden.

Ich beantrage, mir gegen Kostenerstattung eine Kopie des ärztlichen Gutachtens, welches dem Bescheid zugrunde liegt, zuzusenden.

Ich werde meine Ärzte bitten, eine Stellungnahme zu diesem Gutachten anzufertigen und diese Ihnen dann zur Begründung meines Widerspruches zu senden.

Mit freundlichen Grüßen
Unterschrift

Sobald Ihnen dieses Gutachten des Arztes des Versorgungsamtes vorliegt, übersenden Sie dieses Ihrem behandelnden Arzt bzw. Ihren behandelnden Ärzten mit folgendem Anschreiben:

Name, Anschrift　　　　　　　　　　　　　　　　　　　　　　　　　*Datum*

Sehr geehrte Frau Doktor,
sehr geehrter Herr Doktor,

nach Rücksprache mit meinem Rechtsberater bitte ich Sie, zur Unterstützung meines Widerspruches gegen das Versorgungsamt, mit dem Ziel einen höheren Grad der Behinderung zu erhalten, gegen Rechnung, eine Stellungnahme hinsichtlich der Vollständigkeit des beigefügten versorgungsärztlichen Gutachtens, bezüglich der dort aufgeführten Diagnosen und Beschwerden, in Form eines kurzen ärztlichen Attestes zu erstellen.

Bitte nehmen Sie Stellung, ob Ihrer Meinung nach, alle meine gesundheitli-

chen Beschwerden richtig und vollständig wiedergegeben worden sind.
Sollten Sie jedoch der Meinung sein, dass das Gutachten richtig und
vollständig ist, ist es ausreichend, wenn Sie mir dies mitteilen. Ein entsprechendes Attest benötige ich dann nicht.

Bitte überprüfen Sie auch kritisch, ob die Anamnese, die Diagnosen und die
Therapien vollständig und zutreffend angegeben sind. Beachten Sie, dass zu
einer sachgerechten Beurteilung es nicht auf die Diagnose allein ankommt,
sondern auf das „Leidensbild". Insofern ist auch die Angabe der Therapie
von ausschlaggebender Bedeutung.

Bitte geben Sie an, ob und ggf. welche Medikamente ich regelmäßig einnehmen muss und wie sich dies eventuell auf mein Befinden auswirkt, z. B. ob
dadurch die Konzentrationsfähigkeit oder die Teilnahme am Straßenverkehr
beeinträchtigt ist etc.

Sollte eine mögliche Therapie wegen Therapieresistenz oder Ausschöpfung
der therapeutischen Maßnahmen nicht oder nicht mehr durchgeführt
werden, bitte ich ebenfalls um entsprechende Angaben.

Bitte geben Sie auch an, seit wann in den letzten zwei Jahren Arbeitsunfähigkeit bestand und ggf. noch besteht.

Bezüglich der Einstufung eines Grades der Behinderung weise ich höflichst
darauf hin, dass Sie im Internet auf der Seite http://www.versorgungsmedizinische-grundsaetze.de/ nähere Ausführung finden.

Nachfolgend finden Sie ein Beispiel.

Bitte gestalteten Sie das Attest so, dass diesem entsprechend den versorgungsmedizinischen Grundsätzen zu entnehmen ist, wie meine Behinderungen einzuordnen sind. Entsprechend z. B. Nr. 18.2.1 wollen Sie dies bitte
nachvollziehbar angeben, z. B.

ohne wesentliche Funktionseinschränkung

mit leichten Beschwerden

mit geringen Auswirkungen

(leichtgradige Funktionseinbußen und Beschwerden, je nach
Art und Umfang des Gelenkbefalls, geringe Krankheitsaktivität)

Mit freundlichen Grüßen
Unterschrift

Sollten Sie von Ihrem Arzt ein entsprechendes Attest erhalten, in dem dieser
die Meinung vertritt, dass Ihre gesundheitlichen Beschwerden vom Gutach-

ter des Versorgungsamtes nicht richtig bewertet worden sind, übersenden Sie dieses an das Versorgungsamt mit einem kurzen Anschreiben, dass Sie sich zur Begründung Ihres Widerspruches auf das bzw. die beigefügten ärztlichen Atteste beziehen. Darüber hinaus können Sie auch beantragen, dass Sie darauf bestehen, dass Sie persönlich vom Arzt des Versorgungsamtes untersucht werden.

Die Problematik bei der Feststellung des Grades der Behinderung durch das Versorgungsamt besteht, wie bei der Erwerbsminderungsrente, darin, dass in der Regel nur ein sogenanntes kurzes Aktengutachten erstellt wird, das schon von sich aus Fehler beinhalten kann. Denn Sie sind ja nicht persönlich untersucht worden. Wenn Sie jedoch darauf bestehen, müssen Sie persönlich untersucht werden.

Wird Ihrem Widerspruch nicht entsprechend Ihren Wünschen stattgegeben, können Sie dagegen Klage vor dem Sozialgericht erheben. Hier gelten dann die Ausführungen zu einer Klage hinsichtlich einer Erwerbsminderungsrente entsprechend.

Wenn man im fortgeschrittenen Alter einen Antrag auf Zuerkennung einer Schwerbehinderung (Grad der Behinderung 50 v.H.) oder einen entsprechenden Verschlimmerungsantrag stellt, weil man früher in Rente gehen will, habe ich festgestellt, dass offensichtlich automatisch grundsätzlich kein höherer Grad der Behinderung als 40 vom Hundert zuerkannt wird. Ich persönlich habe die Erfahrung gemacht, dass in diesen Fällen eine große Chance besteht, in einem Klageverfahren mindestens die 50 Prozent zu erreichen.

Klagt man gegen einen Widerspruchsbescheid, wird man in der Regel am Tag des Gerichtstermins vor der Verhandlung beim Gericht von einem Gutachter untersucht. Dieses Gutachten wird dann in der Verhandlung verlesen. In solchen Fällen nehme ich, wenn das Gutachten negativ ausfällt, von dem Recht Gebrauch, den Termingutachter vor Gericht persönlich zu befragen. Voraussetzung ist natürlich, dass man sich mit den im Internet veröffentlichten versorgungsmedizinischen Grundsätzen in Bezug auf seine eigenen Behinderungen/gesundheitlichen Einschränkungen vertraut gemacht hat.

Akzeptieren Sie niemals ein ungünstiges Gutachten des Gerichtsgutachters und lassen Sie sich nicht vom Gericht überreden, die Klage zurückzunehmen.

Es ist unmöglich, gerade als medizinischer Laie, sofort zu den Gutachten des Termingutachters Stellung zu nehmen. Hier sollte man immer darauf beharren, dass eine ausreichende Zeit (einige Wochen) gegeben wird, das Gutachten mit seinen Ärzten zu besprechen und dann schriftlich zu diesem Gutachten Stellung zu nehmen.

Wie ausgeführt, ist es ein großes Manko, dass selbst die vom Gericht bestellten Gutachter, insbesondere die Gutachter, die Sie direkt bei Gericht untersuchen (Termingutachter) und ein Gutachten erstellen, in der Regel nicht darlegen, inwiefern die Behinderungen des Klägers entsprechend den versorgungsmedizinischen Grundsätzen einzuordnen sind. Sollte das vom Gericht eingeholte Gutachten negativ sein, so versuchen die Richter, oft die Kläger, insbesondere wenn sie anwaltschaftlich nicht vertreten sind, dazu zu bewegen, die Klage zurückzunehmen.

Sollte das Gericht eine Klagerücknahme anregen, haben Sie die Möglichkeit, zu Protokoll den Antrag zu stellen, dass Ihnen rechtliches Gehör gewährt wird. Ein solcher Antrag, den Sie dann mündlich zu Protokoll stellen müssen, lautet etwa wie folgt:

> *„Ich beantrage, mir eine Frist von einen Monat zur Wahrnehmung des rechtlichen Gehörs zu gewähren."*

Diese Frist muss Ihnen gewährt werden. Sie können/sollten dann mündlich noch ausführen, dass Sie sich erst mit Ihren Ärzten beraten wollen.

Sie haben die Möglichkeit, wie in den Ausführungen zur Erwerbsminderungsrente beschrieben, in der Gerichtsverhandlung oder innerhalb der Frist zur Stellungnahme (rechtliches Gehör) den Antrag zu stellen, dass ein von Ihnen benannter Gutachter gemäß § 109 SGG mit der Erstellung eines Gutachtens beauftragt wird. Bedenken Sie aber, dass Sie hierfür einen entsprechenden Kostenvorschuss zwischen 1.500 und 3.000 Euro zahlen müssen. Sind Sie nicht rechtsschutzversichert, ist dies natürlich problematisch. Kosten erhalten Sie nur dann erstattet, wenn aufgrund des auf Ihren Antrag vom

Gericht eingeholten Gutachtens, Sie zumindest einen teilweisen Erfolg erzielen. Sollten Sie, wenn Sie alle Möglichkeiten ausgeschöpft haben, vor dem Sozialgericht keinen höheren Grad der Behinderung oder das von Ihnen beantragte Merkzeichen erhalten, hat es in der Regel keinen Sinn, gegen ein für Sie negatives Urteil Berufung einzulegen.

Ein Berufungsverfahren dauert in der Regel zwei bis drei Jahre. Die Problematik in diesem Berufungsverfahren ist, dass sich die negative Beurteilung auch im Berufungsverfahren fortsetzt. Besser ist es, zu gegebener Zeit, frühestens nach sechs Monaten, beim Versorgungsamt einen Antrag auf Verschlimmerung zu stellen.
Das Verfahren wird dann wieder von vorn aufgerollt und man kann Ihnen nicht das für Sie bzw. die für Sie negativen Gutachten, welche zur Klageabweisung geführt haben, entgegenhalten.

Da Sie zu gegebener Zeit einen Verschlimmerungsantrag stellen können, stellt es für Sie in der Regel keinen Rechtsnachteil dar, wenn Sie die Klage zurücknehmen. Wie ausgeführt, hat eine Berufung in Schwerbehindertenangelegenheiten, bis auf wenige Fälle, keinen Sinn.

Behinderung, Schwerbehinderung bei Kindern und Jugendlichen

Der Begriff der Behinderung (§ 2 Abs. 1 SGB IX – Grad der Behinderung weniger als 50 Prozent) und der Begriff Schwerbehinderung (§ 2 Abs. 2 SGB IX – Grad der Behinderung mindestens 50 Prozent) hat in vielen Gesetzen besondere Bedeutung. Teilweise wird von den Behörden der Begriff Behinderung und Schwerbehinderung nicht richtig verwendet.

Insbesondere bei Kindern und jungen Erwachsenen sind mit dem Begriff Schwerbehinderung (mindestens 50 Prozent GdB) oder Behinderung (GdB weniger als 50 Prozent) vielfache Vorteile verbunden. Dabei genügt es in der Regel, dass nur eine Behinderung iSd. § 2 Abs. 1 S. 1 SGB IX vorliegt. Es muss keine Schwerbehinderung vorliegen.

Fälschlicherweise verlangen die Behörden oft den Nachweis der Schwerbehinderung bzw. die Vorlage eines Schwerbehindertenausweises, obwohl der Nachweis der Behinderung ausreichend ist.

Es sei hier das Kindergeld genannt oder auch **die Beschränkung des Unterhaltsanspruches gegenüber Eltern,** wenn das Kind Sozialleistungen erhält. Behinderte Kinder können unter bestimmten Voraussetzungen über die Altersgrenze weiterhin **in der gesetzlichen Krankenversicherung familienversichert bleiben.** (normale Altersgrenze 18 Jahre, nicht erwerbstätige Kinder 23 Jahre, 25 Jahre, wenn das Kind sich in Ausbildung befindet).

Damit man den Behörden/der Sozialversicherung leichter nachweisen kann, dass beim Kind eine Behinderung oder Schwerbehinderung im Sinne des § 2 SGB IX vorliegt, sollte unbedingt beim zuständigen Versorgungsamt ein Antrag auf Feststellung einer Behinderung/Schwerbehinderung gestellt werden.

Nach den einschlägigen Gesetzestexten ist es nicht Voraussetzung für den Nachweis der Behinderung/Schwerbehinderung, dass das Versorgungsamt eine entsprechende Feststellung getroffen hat, diese kann auch durch entsprechende ärztliche Atteste, Gutachten etc. nachgewiesen werden.

In der Praxis stellt jedoch der nachträgliche Nachweis bzw. der Nachweis der Behinderung nur durch entsprechende ärztliche Atteste, Gutachten etc. immer wieder ein Problem dar. Wenn man der Kindergeldkasse, dem Sozialamt, der Krankenkasse einen entsprechenden Bescheid des Versorgungsamtes über das Vorliegen der Behinderung/Schwerbehinderung des Kindes zeigen kann, ist vieles einfacher.

Kindergeld für behinderte Kinder

Im Normalfall endet der Anspruch auf Kindergeld, sobald das Kind seinen 18. Geburtstag erreicht. Macht das Kind jedoch seine erste Berufsausbildung oder geht einem Erststudium nach, erhalten die Eltern auch während dieser Zeit das Kindergeld. Normalerweise endet der Anspruch auf Kindergeld spätestens mit der Vollendung des 25. Lebensjahres.

Wenn das Kind aufgrund einer Behinderung (es genügt eine Behinderung, es muss keine Schwerbehinderung vorliegen) **nicht selbst dazu in der Lage ist, für seinen Lebensunterhalt aufzukommen,** wird das Kindergeld über das 18. und auch über das 25. Lebensjahr hinaus gezahlt.

Die Behinderung **muss bereits vor der Vollendung des 25. Lebensjahres eingetreten** sein. Aus Beweisgründen sollte bereits vor Vollendung des 25. Lebensjahres die Behinderung durch das Versorgungsamt festgestellt worden sein. Diese muss ursächlich dafür sein, dass das Kind außerstande ist, sich selbst zu unterhalten.

Nach § 32 Abs. 4 Satz 1 Nr. 3 EstG (Einkommenssteuergesetz) wird Kindergeld über das 25. Lebensjahr hinaus gewährt, wenn das Kind **wegen körperlicher, geistiger oder seelischer Behinderung** außerstande ist, sich selbst zu unterhalten.

Es genügt, dass gemäß § 2 Abs. 1 Satz 1 SGB IX, eine Behinderung (GdB unter 50) vorliegt, eine Schwerbehinderung (GdB mindestens 50 Prozent) im Sinne des § 2 Abs. 1 Satz 1 SGB IX muss nicht vorliegen.

Dies wird oft von der Kindergeldkasse übersehen. Weisen Sie also ausdrücklich darauf hin, dass in § 32 Abs. 4 Satz 1 Nr. 3 EStG **nicht** von Schwerbehinderung, sondern nur von Behinderung iSd des § 2 Abs. 1 Satz 1 SGB IX die Rede ist.

Fallbeispiel:

> *Der Sohn meiner Mandantschaft war schwerbehindert, stand unter Betreuung und hatte kein entsprechendes Einkommen.*
> ***Nach** Vollendung des 25. Lebensjahres ihres Kindes sprachen die Eltern bei mir vor. Es wurde ein Antrag auf Schwerbehinderung gestellt, zunächst wurde eine Behinderung von 30 Prozent, dann aufgrund eines Widerspruchs und einer Klage eine Behinderung von 50 Prozent anerkannt.*
> *Bis dahin hatten die Eltern keinen Antrag auf Feststellung einer Behinderung/Schwerbehinderung ihres Sohnes gestellt.*
> *Die Klage vor dem Finanzgericht auf Gewährung des Kindergeldes über das 25. Lebensjahr hinaus hatte, trotz Vorlage entsprechender ärztlicher Atteste und Gutachten, keinen Erfolg.*
> *Das Finanzgericht sah es nicht als erwiesen an, dass die Behinderung schon vor dem 25. Lebensjahr vorhanden war und das Kind nicht in der Lage war, aufgrund seiner Behinderung für seinen Lebensunterhalt zu sorgen.*

Weitere Voraussetzung ist, dass die **Behinderung ursächlich** dafür ist, dass das Kind außerstande ist, sich selbst zu unterhalten.

Dies ist der Fall, wenn das Einkommen des Kindes den Grundfreibetrag von 9.000 Euro (Stand 01.01.2018) im Jahr nicht übersteigt. Zusätzlich zum Grundfreibetrag kann ein behinderungsbedingter Mehrbedarf geltend gemacht werden, der sich in der Höhe nach Art und Schwere der Behinderung sowie nach den gegebenen Lebensumständen des Kindes richtet. Behinderten Menschen wird ferner der sogenannte Behinderten-Pauschbetrag gewährt. Dieser ist nach dem dauernden Grad der Behinderung in verschiedene Stufen gestaffelt.

Die Behinderung des Kindes muss zwar vor der Vollendung des 25. Lebensjahres eingetreten sein, die Unfähigkeit, sich selbst zu unterhalten, hingegen nicht.

Wenn das Kind jedoch – trotz seiner bestehenden Behinderung – selbst dazu in der Lage ist, für seinen Lebensunterhalt zu sorgen, besteht kein Anspruch auf Kindergeld.

Ursächlichkeit

Die Ursächlichkeit ist anzunehmen, wenn eine Schwerbehinderung (Grad der Behinderung mindestens 50 Prozent) vorliegt und besondere Umstände hinzukommen, aufgrund derer eine Erwerbstätigkeit unter den üblichen Bedingungen des allgemeinen Arbeitsmarktes ausgeschlossen erscheinen.

Besondere Umstände sind z. B.:
• die Kindesunterbringung in einer Werkstatt für behinderte Menschen
• der Bezug von Grundsicherungsleistungen im Alter und bei Erwerbsminderung nach dem Vierten Kapitel des SGB XII
• der Bezug von Sozialhilfe
• die Fortdauer einer Schul- oder Berufsausbildung eines Kindes aufgrund seiner Behinderung über das 25. Lebensjahr hinaus
• das im Ausweis schwerbehinderter Menschen eingetragene Merkmal „H" (hilflos)

- wenn im Feststellungsbescheid anerkannt wurde, dass die Voraussetzungen für das Merkmal „H" vorliegen
- wenn das Kind eine volle Erwerbsminderungsrente erhält oder eine dauerhafte, volle Erwerbsminderung nach § 45 SGB XII festgestellt wurde.

Die Behinderung muss nicht die einzige Ursache dafür sein, dass das Kind außerstande ist, sich selbst zu unterhalten; auch eine Mitursächlichkeit ist ausreichend, wenn dieser nach den Gesamtumständen des Einzelfalls eine erhebliche Bedeutung zukommt (BFH vom 19.11.2008 – III R 105/07).

Behinderung und gesetzliche Krankenversicherung (Familienversicherung):

Kinder sind weiterhin in der gesetzlichen Krankenversicherung ihrer Eltern gem. § 10 Abs. 2 S.1 Nr. 4 SGB V *ohne Altersgrenze familienversichert, wenn sie als behinderte Menschen (§ 2 Abs. 1 Satz 1 des Neunten Buches) außerstande sind, sich selbst zu unterhalten; Voraussetzung ist, dass die **Behinderung** zu einem Zeitpunkt vorlag, in dem das Kind nach Nummer 1, 2 oder 3 versichert war.*
(Näheres siehe Gesetzestext am Schluss des Buches.)
Hier gelten die gleichen Voraussetzungen wie beim Kindergeld.

Unterhalt und Sozialhilfe

Erhält jemand Sozialhilfe, so geht ein potenzieller Unterhaltsanspruch nach § 94 SGB XII auf den Sozialhilfeträger/das Sozialamt über.

> *§ 94 Übergang von Ansprüchen gegen einen nach bürgerlichem Recht Unterhaltspflichtigen*
> *(1) Hat die leistungsberechtigte Person für die Zeit, für die Leistungen erbracht werden, nach bürgerlichem Recht einen Unterhaltsanspruch, geht dieser bis zur Höhe der geleisteten Aufwendungen zusammen mit dem unterhaltsrechtlichen Auskunftsanspruch auf den Träger der Sozialhilfe über. Der Übergang des Anspruchs ist ausgeschlossen, soweit der Unterhaltsanspruch durch laufende Zahlung erfüllt wird. Der Übergang des Anspruchs ist auch ausgeschlossen, wenn die unterhaltspflichtige Person zum Personenkreis des § 19 gehört **oder die unterhaltspflichtige Person***

> *mit der leistungsberechtigten Person vom zweiten Grad an verwandt ist; ...*

Hierbei ist zu beachten, dass nach § 1601 ff BGB (Bürgerliches Gesetzbuch), Unterhaltsansprüche nicht nur gegen Verwandte ersten Grades, sondern in auf- und absteigender Linie geltend gemacht werden können.

Somit können auch Großeltern gegen ihre Enkel und Enkel gegen ihre Großeltern Unterhaltsansprüche geltend machen.

Tritt jedoch die Sozialhilfe ein, so ist der potenzielle Unterhaltsanspruch, den das Sozialamt geltend machen kann, auf Verwandte ersten Grades beschränkt (siehe oben). Somit können Kinder gegen ihre Eltern und Eltern gegen ihre Kinder Unterhaltsansprüche (über das Sozialamt) geltend machen, jedoch nicht Großeltern gegen Enkel und umgekehrt.

Man muss sich das Sozialamt so ähnlich wie eine Bank vorstellen. Das Sozialamt zahlt zunächst die Sozialhilfe an den bedürftigen Sozialhilfeempfänger und versucht dann den Unterhalt, den entweder die Eltern ihrem Kind oder die Kinder ihren Eltern schulden, geltend zu machen. Nach dem Gesetz geht dieser Unterhaltsanspruch automatisch auf das Sozialamt über, mit der Folge, dass dieses direkt gegenüber dem Unterhaltsschuldner (Kinder oder Eltern) den Unterhalt, maximal in Höhe der geleisteten Sozialhilfe, fordert. Einigt man sich nicht, klagt das Sozialamt den Unterhalt beim Familiengericht ein.

Geltendmachung von Kindesunterhalt durch das Sozialamt

> Fallschilderung:
> *Das Sozialamt forderte meinen Mandanten auf, entsprechend seinen Einkommensverhältnissen Unterhalt für seinen 25-jährigen Sohn zu zahlen, da dieser Sozialhilfe erhielt. Der Sohn hatte aufgrund psychischer Probleme sein Studium abgebrochen und war vorübergehend nicht in der Lage zu arbeiten. Aus diesem Grund erhielt er Sozialhilfe und nicht Arbeitslosengeld 2 (Hartz IV). Die Frage lautete, ob das Sozialamt, wie in diesem Fall, tatsächlich 450 Euro Unterhalt monatlich für seinen Sohn von ihm fordern konnte.*

Jemand, der zwischen 18 und dem Rentenalter ist, erhält, wenn er kein ausreichendes Einkommen und Vermögen hat um seinen Lebensunterhalt sicherzustellen und noch mindestens drei Stunden am Tag arbeiten kann, Arbeitslosengeld 2 (Hartz IV).

---

§ 7 Abs 1 SGB II Leistungsberechtigte
(1) Leistungen nach diesem Buch erhalten Personen, die
    1. das 15. Lebensjahr vollendet und die Altersgrenze nach § 7a noch
       nicht erreicht haben,
    *2. **erwerbsfähig** sind,*
    3. hilfebedürftig sind und
    4. ihren gewöhnlichen Aufenthalt in der Bundesrepublik Deutschland
       haben (erwerbsfähige Leistungsberechtigte).

In diesem Zusammenhang ist § 8 Abs. 1 SGB II von wesentlicher Bedeutung.

---

§ 8 Abs. 1 SGB II
*(1) **Erwerbsfähig** ist, wer nicht wegen Krankheit oder Behinderung auf absehbare Zeit außerstande ist, unter den üblichen Bedingungen des allgemeinen Arbeitsmarktes **mindestens drei Stunden täglich erwerbstätig zu sein.***

---

§ 19 Abs. 1 SGB XII
Hilfe zum Lebensunterhalt nach dem Dritten Kapitel ist Personen zu leisten, die ihren notwendigen Lebensunterhalt nicht oder nicht ausreichend aus eigenen Kräften und Mitteln, insbesondere aus ihrem Einkommen und Vermögen, bestreiten können.

Ist jemand wegen Krankheit oder Behinderung auf absehbare Zeit nicht in der Lage, mindestens drei Stunden täglich zu arbeiten, hat er **keinen Anspruch auf Arbeitslosengeld 2** (Hartz IV), sondern nur noch **Anspruch auf Sozialhilfe** gemäß § 19 Abs. 1 SGB XII. Voraussetzung ist natürlich, dass er nicht über sonstiges Einkommen oder Vermögen verfügt, aufgrund dessen er sich unterhalten kann.

Aus der Formulierung des §§ 8 Abs. 1 SGB II ergibt sich, dass, wenn jemand aufgrund Krankheit oder Behinderung keine drei Stunden am Tag arbeiten kann, dieser im Sinne des § 2 Abs. 1 SGB IX **behindert** ist.

Zur Erinnerung:

---

§ 2 SGB IX Begriffsbestimmungen

(1) Menschen mit Behinderungen sind Menschen, die körperliche, seelische, geistige oder Sinnesbeeinträchtigungen haben, die sie in Wechselwirkung mit einstellungs- und umweltbedingten Barrieren an der gleichberechtigten Teilhabe an der Gesellschaft mit hoher Wahrscheinlichkeit länger als sechs Monate hindern können. Eine Beeinträchtigung nach Satz 1 liegt vor, wenn der Körper- und Gesundheitszustand von dem für das Lebensalter typischen Zustand abweicht. Menschen sind von Behinderung bedroht, wenn eine Beeinträchtigung nach Satz 1 zu erwarten ist.

Der Sohn meines Mandanten hätte auch keine Sozialhilfe beziehen müssen, sondern hätte direkt einen Unterhaltsanspruch vor dem Zivil-/Familiengericht gegen seinen Vater geltend machen können. Bei entsprechenden Einkommensverhältnissen des Vaters hätten 650 Euro monatlich als Unterhalt zugesprochen werden können. Da der Sohn Sozialhilfe bezog, trat eine Beschränkung nach § 94 Abs. 2 SGB XII hinsichtlich der Höhe des Unterhaltes, den das Sozialamt im Namen des Sohnes gegen den Vater geltend machen konnte, ein. Konkret bedeutet dies, dass, wenn das Kind Sozialhilfe bezieht, muss der Vater an das Sozialamt höchstens 46 Euro im Monat zahlen, an sein Kind muss er nichts zahlen. Dies steht aber nicht direkt so im Gesetz, sondern ist die Folge verschiedener Gesetze.

Offensichtlich sind manche Sozialämter damit überfordert oder sie stellen bewusst unberechtigte Forderungen.

Aus dem Zusammenspiel zwischen SGB II (ALG 2), dem Sozialhilfegesetz (SGB XII) und dem SGB IX (Rehabilitationsgesetz) ergibt sich, dass jemand, der Sozialhilfe ab dem 18. Lebensjahr und vor Beginn der Altersrente bezieht, **behindert im Sinne des Gesetzes ist.** Bei der Geltendmachung von Unterhaltsansprüchen des Sozialamtes gegenüber Eltern, deren Kind Sozialhilfe bezieht, ist die Höhe des Unterhaltsanspruches betragsmäßig nach § 94 Abs. 2 SGB XII begrenzt.

Nachfolgend erkläre ich dies unter Angabe der Vorschriften der verschiedenen Gesetze genauer, damit Sie, sollten Sie mit einem solchen Unterhaltsanspruch des Sozialamtes, welches für Ihr Kind Unterhalt zahlt, konfrontiert werden, entsprechend dagegen argumentieren können.

---

§ 94 Abs. 2 SGB XII

*Der Anspruch einer volljährigen unterhaltsberechtigten Person, die **behindert im Sinne von § 53** oder pflegebedürftig im Sinne von § 61a ist, gegenüber ihren Eltern wegen Leistungen nach dem Sechsten und Siebten Kapitel **geht nur in Höhe von bis zu 26 Euro, wegen Leistungen nach dem Dritten Kapitel nur in Höhe von bis zu 20 Euro monatlich über.***

---

§ 53 SGB XII verweist auf den Begriff der Behinderung bzw. Schwerbehinderung in § 2 SGB IX.

---

§ 53 SGB XII – Leistungsberechtigte und Aufgabe

*(1) [1]Personen, **die durch eine Behinderung im Sinne von § 2 Abs. 1 Satz 1 des Neunten Buches** wesentlich in ihrer Fähigkeit, an der Gesellschaft teilzuhaben, eingeschränkt oder von einer solchen wesentlichen Behinderung bedroht sind.*

Obwohl sich aufgrund des klaren Gesetzestextes aufdrängt, dass das Sozialamt von Eltern, deren Kinder Sozialhilfe erhalten, max. 46 Euro Unterhalt fordern darf, fordern nach meinen Erkenntnissen manche Sozialämter (bewusst?) einen wesentlich höheren Unterhalt von den Eltern, als dieser gesetzlich geltend gemacht werden darf.

In meiner Praxis kam und kommt es immer wieder vor, dass das Sozialamt Eltern eines volljährigen behinderten Kindes, das Sozialhilfe bezieht, anschreiben und Auskunft über ihre Einkünfte und Vermögen fordern. Wird diese Auskunft dann erteilt, so wird immer wieder entgegen dem Gesetz der Unterhalt nach den Unterhaltstabellen berechnet und diese Forderung – weit mehr als die gesetzlich zulässigen 46 Euro monatlich – geltend gemacht. Wenn ich das Sozialamt unter Bezug auf die Rechtslage (wie oben dargestellt) darauf hinweise, dass der Übergang des Unterhaltsanspruches auf 26 Euro bzw. 46 Euro begrenzt ist, nimmt das Sozialamt schnell Abstand von der (zu hohen) Forderung.

Eine solche Verfahrensweise des Sozialamtes ist unverständlich. Aufgrund des Amtsermittlungsprinzips dürfte das Sozialamt die Eltern eigentlich überhaupt nicht anschreiben, weil ja das Kind kraft Gesetzes als behindert gilt, selbst wenn kein Behindertenausweis ausgestellt worden ist bzw. keine entsprechende Festeststellung der Behinderung durch das Versorgungsamt festgestellt worden ist.

Viele Eltern glauben, da sie ja ihrem Kind im Grunde Unterhalt schulden, dass sie tatsächlich den vom Sozialamt geltend gemachten höheren Betrag zahlen müssen. Werden Sie also aufgefordert, für ihr Kind, welches Sozialhilfe erhält, Unterhalt von mehr als 26 Euro bzw., wenn zusätzliche Leistungen gewährt werden, mehr als 46 Euro zahlen sollen, schreiben Sie in etwa Folgendes an das Sozialamt:

> *Mit Schreiben vom ... wurde ich aufgefordert, für mein Kind, das Sozialhilfe bezieht, Unterhalt zu zahlen bzw. Auskunft über mein Einkommen und Vermögen zu erteilen.*
> *Da mein Kind über 18 Jahre alt und noch nicht im Rentenalter ist, hat es grundsätzlich Anspruch auf Leistungen nach dem SGB II. Da mein Kind jedoch nach § 8 Abs. 1 SGB II nicht erwerbsfähig ist, erhält es Sozialhilfe. Wie sich aus § 8 Abs. 1 SGB II und § 2 SGB IX ergibt, ist mein Kind im Sinne des § 94 Abs. 2 SGB XII behindert, sodass ein möglicher Unterhaltsanspruch auf das Sozialamt nur in Höhe von max. 46 Euro übergeht. Ich bin bereit, den entsprechenden Betrag von 26 bzw. 46 Euro zu zahlen.*

Sollten Sie selbst Arbeitslosengeld 2 oder Sozialhilfe erhalten, müssen Sie natürlich nichts zahlen, ebenso wenn Ihr Einkommen unter dem sogenannten Selbstbehalt von 880 Euro bei Nichterwerbstätigen, bei Erwerbstätigen 1.300 Euro beträgt. Dann genügt es, wenn Sie dies unter Beifügung entsprechender Belege dem Sozialamt mitteilen.

Wesentlich einfacher ist es natürlich, wenn das Versorgungsamt bereits eine Feststellung getroffen hat, dass Ihr Kind behindert oder schwerbehindert ist. Dann genügt es darauf hinzuweisen, dass nach der Feststellung des Versorgungsamtes (Bescheid beifügen) Ihr Kind behindert ist und somit gemäß § 94 Abs. 2 SGB XII die Unterhaltsforderung des Sozialamtes max. 46 Euro beträgt.

Insofern verweise ich auf die obigen Ausführungen, dass möglichst, wenn eine Behinderung des Kindes besteht, ein entsprechender Antrag auf Feststellung einer Behinderung und gegebenenfalls Ausstellung eines Schwerbehindertenausweises beim Versorgungsamt gestellt werden soll.

Versuchen Sie, wenn dies noch nicht geschehen ist, Ihr Kind zu überzeugen, dass es einen entsprechenden Antrag stellt. Bieten Sie Ihrem Kind an, sich darum zu kümmern und lassen Sie sich entsprechende Vollmachten erteilen. Weigert sich Ihr Kind, können Sie versuchen, beim Betreuungsgericht zu beantragen, dass eine Betreuung für Ihr Kind mit dem Wirkungskreis Umgang mit Behörden angeordnet wird. Versuchen Sie, dass Sie als Betreuer eingesetzt werden.

Grundsicherung und Unterhalt

Unter bestimmten Voraussetzungen erhalten Menschen Grundsicherung nach dem 4. Kapitel des SGB XII.

---

§ 41 SGB XII Leistungsberechtigte (Ausschnitt)

(1) Leistungsberechtigt nach diesem Kapitel sind ältere und dauerhaft voll erwerbsgeminderte Personen mit gewöhnlichem Aufenthalt im Inland, die ihren notwendigen Lebensunterhalt nicht oder nicht ausreichend aus Einkommen und Vermögen nach § 43 bestreiten können.

(2) Leistungsberechtigt wegen Alters nach Absatz 1 ist, wer die Altersgrenze erreicht hat. Personen, die vor dem 1. Januar 1947 geboren sind, erreichen die Altersgrenze mit Vollendung des 65. Lebensjahres. Für Personen, die nach dem 31. Dezember 1946 geboren sind, wird die Altersgrenze wie folgt angehoben: ... Näheres im ausführlichen Gesetzestext.

(3) Leistungsberechtigt wegen einer dauerhaften vollen Erwerbsminderung nach Absatz 1 ist, wer das 18. Lebensjahr vollendet hat, unabhängig von der jeweiligen Arbeitsmarktlage voll erwerbsgemindert im Sinne des § 43 Abs. 2 des Sechsten Buches ist und bei dem unwahrscheinlich ist, dass die volle Erwerbsminderung behoben werden kann.

Wie bereits ausgeführt, sind Kinder ihren Eltern und Eltern ihren Kindern grundsätzlich zum Unterhalt verpflichtet. Bezieht der Unterhaltsberechtigte (entweder das Kind oder der Elternteil) jedoch Grundsicherung nach den Vorschriften des SGB XII (§ 41 ff.), so muss nach § 43 Abs. 5 SGB kein Unterhalt an das Sozialamt gezahlt werden, wenn das zu versteuernde Einkommen (korrekt, das Einkommen im Sinne des § 16 SGB IV) nicht mehr als 100.000,00 Euro im Jahr beträgt.

Verlangt das Sozialamt von Ihnen Auskunft oder Unterhalt für Ihr Kind, für Ihre Eltern, fragen Sie zunächst nach, ob Grundsicherung oder sonstige Sozialhilfe bezogen wird. Sie haben Anspruch darauf, dass Ihnen eine Kopie des Sozialhilfe-/ Grundsicherungsbescheides übersandt wird.
Erhält der Unterhaltsberechtigte tatsächlich nur Grundsicherung nach dem Vierten Kapitel des SGB XII und haben Sie ein Jahreseinkommen von nicht mehr als 100.000,00 Euro, genügt es, dem Sozialamt eine Kopie des letzten Einkommensteuerbescheids zuzusenden.

SGB XI (PFLEGEVERSICHERUNG)

Leserfragen an das Team „Verbraucherexperte Escher"

Elisabeth G. aus Nauen:
„Mein Antrag auf eine Pflegestufe ist abgelehnt worden. Und das, obwohl ich mich kaum noch selbst betun kann und für viele Handgriffe doppelt so lange brauche, wie noch vor einem Jahr. Die Ablehnung will ich mir nicht gefallen lassen. Meine Tochter wird dagegen protestieren. Wie schnell muss sie reagieren und worauf sollte sie unbedingt achten?"

Berndt Z. aus Hannover:
„Ich habe kürzlich gelesen, dass jeder dritte Antrag auf eine Pflegestufe zunächst abgeschmettert wird. Bei mir war es im ersten Anlauf auch so. Aber ich gebe nicht auf. Haben Sie (Insider-)Tipps, wodurch man seine Chancen auf eine Pflegestufe erhöhen kann?"

Zunächst ist gegen die Ablehnung Widerspruch einzulegen und unverzüglich ein Pflegetagebuch zu führen. Seit 01.01.2017 sind die Pflegestufen vollkommen neu geregelt worden. Die Einstufung ist ziemlich kompliziert. Teilweise wird befürchtet, dass es entgegen der Ankündigung des Gesetzgebers zu Verschlechterungen kommen kann. Dies ist in der nunmehr sehr kompli-zierten Einstufung begründet. Jedoch gilt ein Besitzstandsschutz. Wurde vor dem 01.01.2017 eine Einstufung vorgenommen, darf eine Neueinstufung grundsätzlich nicht zu einer Verschlechterung der Leistungen führen. Nach wie vor kann eine sachgerechte Einstufung nur erreicht werden, wenn über einen Zeitraum von zwei bis vier Wochen ein Pflegetagebuch geführt wird. Insbesondere soll man darauf bestehen, dass Angehörige bzw. Pflegeperso-nen bei der Begutachtung durch den MdK anwesend sind. Oft versuchen sich die Pflegebedürftigen in einem besseren Licht darzustellen. Außerdem kommt es immer wieder vor, dass Gutachter mit Suggestivfragen etc. versu-chen, eine geringere Pflegebedürftigkeit als tatsächlich vorhanden, nieder-zulegen. Das Pflegetagebuch und die Aussagen der Angehörigen bzw. Pflege-personen sind wichtige Mittel in einem Widerspruchs- und ggf. Gerichtsverfahren, um den Beweis zu führen, dass die Einstufung vielleicht doch nicht richtig ist. Im Gegensatz zu sonstigen sozialrechtlichen/medizi-nischen Streitfragen war zumindest bisher die Chance, in einem Gerichts-verfahren vor dem Sozialgericht (dieses ist kostenlos) unter Hinzuziehung des Pflegetagebuchs und der pflegenden Personen, eine höhere Pflegestufe zu erreichen, relativ hoch. Dagegen sind Widersprüche oft erfolglos, sodass eine realistische Chance, eine sachgerechte bessere Einstufung zu erhalten, nur in einem Gerichtsverfahren (Klage gegen den Widerspruchsbescheid) besteht. Nach meinen Erfahrungen wird jedoch dem Widerspruch selten entsprochen, sodass letzten Endes nichts anderes übrigbleibt, als vor dem Sozialgericht zu klagen.

Im Gegensatz zu sonstigen sehr restriktiven Entscheidungen im medizini-schen Sozialrecht (Erwerbsminderungsrente, gesetzliche Unfallversicherung, Schwerbehinderung) habe ich die Erfahrung gemacht, dass die Erfolgsquote in den Klageverfahren in Angelegenheiten der gesetzlichen Pflegeversiche-rung relativ hoch ist. Dies erklärt sich daraus, dass die Begutachtung durch den MDK in der Regel nicht durch Ärzte, sondern durch besonders geschulte Pflegekräfte vorgenommen wird. Ärzte können jedoch in der Regel die Pfle-gesituation wesentlich besser beurteilen.

Es ist darauf zu achten, dass innerhalb einer Frist von einem Monat gegen den Bescheid der Pflegeversicherung hinsichtlich der Zuerkennung einer Pflegestufe Widerspruch eingelegt werden muss und, sollte dem Widerspruch nicht stattgegeben werden bzw. nicht das gewünschte Ergebnis erzielt werden, dagegen innerhalb eines Monats vor dem Sozialgericht Klage erhoben werden muss, wenn man eine Abänderung der Pflegeeinstufung erreichen will. Eine ausführliche Anleitung zur Führung eines Pflegetagebuches ist mit freundlicher Genehmigung von **Herrn Dr. med. Jörg Zimmermann, Geschäftsführer der Familiara GmbH, Wiesbadener Straße 3, 12161 Berlin,** unter der Seite: https://www.familiara.de/pflegetagebuch/ abrufbar. Sollten Sie über keine Möglichkeit verfügen, sich aus dem Internet die entsprechenden Informationen herunterzuladen, so können sie diese auch direkt bei der **Familiara GmbH** bestellen. Ich empfehle dringend, diese Informationen zu verwenden. Die von den Krankenkassen/Pflegeversicherungen zur Verfügung gestellten Pflegetagebücher und Informationen sind im Gegensatz zu dieser von Familiara zur Verfügung gestellten Informationen eher dürftig. Bei Familiara finden Sie sehr gute Erläuterungen und Anleitungen zur Führung eines Pflegetagebuches.

Leserfrage an das Team „Verbraucherexperte Escher"

Patricia V. aus Oranienburg:
„Mein Vater wird in wenigen Wochen 85. Er ist ein stolzer Mann, würde nie zugeben, dass er im Alltag dringend Hilfe braucht. Meinen Vorschlag, ein Pflegetagebuch zu führen, lehnte er entschieden ab. Erhöht so ein schriftliches Protokoll die Chance, eine Pflegestufe zugesprochen zu bekommen?"

Das Pflegetagebuch wird ja nicht vom Pflegebedürftigen geführt, sondern von den Personen, die sich um die Pflegebedürftigen kümmern. Wie oben ausgeführt, ist es unabdingbar, um eine möglichst gerechte Einstufung zu erreichen, ein Pflegetagebuch zu führen.

Leserfrage an das Team „Verbraucherexperte Escher"

Rudolph W. aus Hildburghausen:
„Die Pflegeversicherung hat den Antrag meiner Frau auf Höherstufung der Pflege erneut abgelehnt, und zwar einfach nach Aktenlage. Jetzt müssen wir alten Menschen wohl noch vor das Sozialgericht ziehen, das macht uns Angst. Haben Sie einen Rat?"

Sie brauchen keine Angst vor dem Sozialgericht zu haben. Das Sozialgericht versucht, der Situation des Pflegebedürftigen/des Versicherten ausreichend Rechnung zu stellen. Ich weise jedoch darauf hin, dass nur dann eine realistische Chance besteht, eine Höherstufung zu erreichen, wenn man ein Pflegetagebuch führt.

Sollten Sie nicht in der Lage sein, einen Rechtsstreit vor dem Sozialgericht zu führen, besteht die Möglichkeit, eine Person Ihres Vertrauens (Ehefrau) zu bevollmächtigen. Ich weise auch hier nochmals auf die Möglichkeit der Vertretung durch Sozial- und Wohlfahrtsverbände hin. Es besteht auch die Möglichkeit, dass Sie beim zuständigen Betreuungsgericht eine Betreuung mit dem Wirkungskreis Vertretung gegenüber Behörden, Sozialversicherungen beantragen. Ihre Ehefrau wird dann vom Gericht ein juristischer geschulter Betreuer zur Seite gestellt, der sich um alles kümmert. Sie müssen hier keine Angst haben. Das Gesetz sagt ausdrücklich, dass ein vom Gericht bestellter Betreuer den Betreuten unterstützen und helfen soll in Angelegenheiten, die er nicht mehr bzw. nicht mehr ausreichend selbst wahrnehmen kann. Die Betreuung hat mit einer Vormundschaft etc. nichts zu tun. Der Betreuer kann Ihnen und Ihrer Frau nicht vorschreiben, was Sie zu tun und zu lassen haben, insbesondere wenn dieser nur mit dem beschränkten Wirkungskreis der Wahrnehmung der Rechte Ihrer Ehefrau gegenüber Behörden, Sozialversicherungen etc. betraut wird.

VERWALTUNGSGERICHTSBARKEIT

Das Gebiet des Verwaltungsrechtes ist sehr umfassend. Ich möchte hier nur auf einige wenige Beispiele, welche laufend in meiner Praxis vorkommen, eingehen.

ALLGEMEIN – WIE ERREICHE ICH EINE ENTSCHEIDUNG DES AMTES/DER STADT ETC.?

Leserfragen an das Team „Verbraucherexperte Escher"

Jürgen W. aus Görlitz
„Ich kämpfte schon seit 10 Jahren mit dem Landratsamt, um ein Problem an unserer Straße zu klären. Außer höflichen Briefen, Versprechungen und Verdrehungen gab es nichts. Man scheute sich auch nicht, mit Lügen die Probleme kleinzureden. Selbst als sich die regionale Presse und ein Landtagsabgeordneter einschalteten, beharrte das Amt auf seinem Standpunkt. Ich würde den hartleibigen Mitarbeitern gern den „Orden für Bürgerfremdheit" anheften, habe inzwischen aufgegeben und aus meinen Erlebnissen die Lehre gezogen, dass es Demokratie und Bürgernähe nicht gibt. Die da ‚oben' werden immer recht behalten, selbst wenn sie im Unrecht sind."

Elke und Michael S. aus Nossen:
„Wir sind im Sommer vom Hochwasser heimgesucht worden. Die Fluten haben eine solche Kraft entwickelt, dass sie eine Brücke verschoben und damit unpassierbar gemacht haben. Damit ist unser Grundstück nicht mehr erreichbar, eine andere Zufahrt gibt es leider nicht.
Für Naturgewalten kann niemand etwas, dennoch ist es für uns unverständlich, dass der Bürgermeister sich zum Stand der Dinge und zu geplanten Reparaturterminen in Schweigen hüllt.
Da meine Frau schwer herzkrank ist, mache ich mir Sorgen, dass der Notarzt wegen der fehlenden Überfahrt wertvolle Zeit verlieren könnte. Welche Möglichkeit habe ich, die Abläufe im Rathaus zu beschleunigen?"

Wenn Sie von der Stadt, der Gemeinde etwas Bestimmtes wollen, dann reicht es nicht aus, die Stadt, die Gemeinde anzuschreiben und auf irgendetwas zu warten.

Es genügt nicht irgendein Problem zu schildern, sondern man muss an die zuständige Behörde/Stadt/Gemeinde einen **konkreten Antrag stellen.**

Wenn es also ein bestimmtes Problem an der Straße gibt, welches beseitigt werden soll, wenn das Grundstück nicht erreichbar ist, muss ein konkreter Antrag an das Ordnungsamt bzw. die Straßenverkehrsbehörde gestellt werden. Wird dieser Antrag abgelehnt, können Sie dagegen dann Widerspruch einlegen. Wird der Widerspruch abgelehnt, können Sie Klage am Verwaltungsgericht erheben (siehe oben).

Für sonstige Anregungen etc. ist der Bürgermeister, sind die Stadt- oder Gemeinderatsmitglieder zuständig. Es besteht aber kein Anspruch darauf, dass – wenn Sie etwas fordern, z. B., dass in Ihrer Stadt mehr Fahrradwege geschaffen werden oder allgemein an einer Straße etwas gemacht werden soll – hierüber entschieden bzw. in einer bestimmten Zeit entschieden wird.

Man kann nur das sogenannte subjektive Recht einklagen. Im Falle des Jürgen W. aus Görlitz fehlt es womöglich an der persönlichen Betroffenheit. Durch den Zustand an der Straße müsste unmittelbar sein Grundstück (als Eigentümer) beeinträchtigt sein. Dieser Fall liegt wohl bei Elke und Michael S. aus Nossen vor. Die Gemeinde hat die Pflicht, dafür Sorge zu tragen, dass Grundstücke durch öffentliche Verkehrswege erreichbar sind.

PARKERLEICHTERUNG

Leserfrage an das Team „Verbraucherexperte Escher"

Christel L. aus Döbeln:
„Seit einem schweren Unfall in meiner Jugend habe ich zwei verkürzte Arme, der linke endet schon oberhalb des Ellbogens. Der tägliche Einkauf, besonders das Tragen der Taschen zu meinem Auto, fällt mir sehr schwer. Auf den Behindertenparkplatz in der Nähe des Eingangs darf ich mich nicht

stellen, weil das Amt die Beantragung eines Schwerbehindertenausweises abgelehnt hat. Begründung der Behörde: Ich könnte die paar Schritte ruhig laufen, schließlich hätte ich doch gesunde Beine. Ich finde diese Antwort frech, herzlos und realitätsfremd. Wie soll ich gegen die Ablehnung vorgehen?"

Gemäß dem ab 01.01.2018 neu geltenden § 146 Abs. 3 SGB IX sind schwerbehinderte Menschen mit einer außergewöhnlichen Gehbehinderung (aG):

„Personen mit einer erheblichen mobilitätsbezogenen Teilhabebeeinträchtigung, die einem Grad der Behinderung von mindestens 80 entspricht. Eine erhebliche mobilitätsbezogene Teilhabebeeinträchtigung liegt vor, wenn sich die schwerbehinderten Menschen wegen der Schwere ihrer Beeinträchtigung dauernd nur mit fremder Hilfe oder mit großer Anstrengung außerhalb ihres Kraftfahrzeuges bewegen können. Hierzu zählen insbesondere schwerbehinderte Menschen, die aufgrund der Beeinträchtigung der Gehfähigkeit und Fortbewegung – dauerhaft auch für sehr kurze Entfernungen – aus medizinischer Notwendigkeit auf die Verwendung eines Rollstuhls angewiesen sind. Verschiedenste Gesundheitsstörungen (insbesondere Störungen bewegungsbezogener, neuromuskulärer oder mentaler Funktionen, Störungen des kardiovaskulären oder Atmungssystems) können die Gehfähigkeit erheblich beeinträchtigen. Diese sind als außergewöhnliche Gehbehinderung anzusehen, wenn nach versorgungsärztlicher Feststellung die Auswirkung der Gesundheitsstörungen sowie deren Kombination auf die Gehfähigkeit dauerhaft so schwer ist, dass sie der unter Satz 1 genannten Beeinträchtigung gleichkommt."

Als „Erleichterung im Personenverkehr" bekommen schwerbehinderte Menschen unter bestimmten Voraussetzungen einen Parkausweis, der z. B. das Parken in eingeschränkten Halteverboten erlaubt. Den Ausweis können auch Menschen ohne Behinderungen nutzen, wenn sie den Betroffenen befördern.

Neben diesem europaweit gültigen blauen Parkausweis gibt es als Ausnahmegenehmigung in Deutschland einen orangefarbenen Ausweis. Dieser orangefarbene Ausweis berechtigt nicht zum Parken auf den ausgewiesenen Behindertenparkplätzen, er bietet jedoch eine Reihe von Erleichterungen beim Parken.

Das Merkzeichen „aG" ist aber nur eine der Voraussetzungen, um eine entsprechende Parkerleichterung von der Straßenverkehrsbehörde zu erhalten. Sehr oft lehnen die Straßenverkehrsbehörden die Ausstellung eines orangefarbenen Ausweises aber ab, mit der Begründung, dass eine entsprechende Parkerlaubnis nur erteilt werden darf, wenn ein Schwerbehindertenausweis mit dem Merkzeichen „aG" ausgestellt worden ist. Manchmal ist es auch der Behörde unbekannt, dass Voraussetzung für die Erteilung des orangefarbenen Parkausweises nicht das Merkzeichen „aG" ist.

Einen Anspruch auf die **orangefarbene Ausnahmegenehmigung** und somit auf die Parkerleichterungen haben schwerbehinderte Menschen mit folgenden Merkzeichen im Schwerbehindertenausweis bzw. Erkrankungen:
1. Merkzeichen G und Merkzeichen B und ein Grad der Behinderung (GdB) von wenigstens 80, allein für Funktionsstörungen an den unteren Gliedmaßen oder der Lenden-Wirbelsäule.
2. Merkzeichen G und B und ein GdB von wenigstens 70, allein für Funktionsstörungen an den unteren Gliedmaßen oder der Lenden-Wirbelsäule, wenn gleichzeitig ein GdB von wenigstens 50 für Funktionsstörungen des Herzens und der Atmungsorgane vorliegt.
3. Morbus Crohn oder Colitis ulcerosa, wenn hierfür ein GdB von wenigstens 60 vorliegt.
4. künstlicher Darmausgang und zugleich künstliche Harnableitung, wenn hierfür ein GdB von wenigstens 70 vorliegt.

Dies ergibt sich aus **§ 45 Abs. 1b Nr. 2 StVO,** der Verwaltungsvorschrift zu **§ 45 Abs. 1 bis 1e StVO Randnummer 17–28. 5** Vgl. **§ 46 Abs. 1 Nr. 11 StVO,** und der Verwaltungsvorschrift zu **§ 46 Abs. 1 Nr. 11 StVO Randnummer 118–144.**

Die Verwaltungsvorschrift regelt in den Randnummern 133-139 die Sonderparkerlaubnis „aGlight"; die örtliche Verkehrsbehörde kann schwerbehinderten Menschen unabhängig von den Feststellungen einer außergewöhnlichen Gehbehinderung räumlich und zeitlich begrenzte Ausnahmegenehmigungen bei der

Benutzung der öffentlichen Verkehrsflächen erteilen (Sächsisches Landessozialgericht, Urteil v. 21.6.2016 – Az: L 9 SB 73/14).

Oft kennen die Straßenverkehrsbehörden offensichtlich nicht die entsprechenden Verwaltungsvorschriften und die Rechtssprechung, wie das wohl auch bei Christel L. aus Döbeln der Fall ist. Hier ist, wenn die Widerspruchsfrist noch nicht verstrichen ist, Widerspruch einzulegen und auf die oben stehenden Ausführungen, insbesondere auf den Gesetzestext und die entsprechenden Verwaltungsvorschriften, hinzuweisen. Ist die Widerspruchsfrist bereits verstrichen, kann ein neuer Antrag gestellt werden. In diesem muss man auf den entsprechenden Gesetzestext und die entsprechenden Verwaltungsvorschriften hinweisen. Daneben sollte man ein ärztliches Attest mit einreichen, welches bestätigt, dass die oben aufgeführten Voraussetzungen vorliegen.

Der **orangefarbene Parkausweis** der Bundesrepublik ist eine Ausnahmegenehmigung, die bei der örtlich zuständigen Straßenverkehrsbehörde beantragt werden muss. Er gilt in allen Bundesländern und ist gut sichtbar hinter der Windschutzscheibe anzubringen. Der orangefarbene Ausweis berechtigt nicht zum Parken auf den ausgewiesenen Behindertenparkplätzen.

Der orangefarbene Parkausweis berechtigt zu Folgendem:
- im eingeschränkten Halteverbot und auf Anwohnerparkplätzen bis zu drei Stunden zu parken. Die Ankunftszeit ist durch eine Parkscheibe kenntlich zu machen.
- im Zonenhalteverbot oder in Parkbereichen, wo Parkzeitbegrenzungen bestehen, die zugelassene Parkdauer zu überschreiten.
- in Fußgängerzonen während der Ladezeit zu parken.
- in verkehrsberuhigten Bereichen auch außerhalb der gekennzeichneten Flächen zu parken, sofern der durchgehende Verkehr nicht behindert wird.
- an Parkuhren und Parkscheinautomaten ohne Gebühr und zeitlich unbegrenzt zu parken.

Neben dem orangefarbenen Parkausweis gibt es noch den blauen Sonderparkausweis, der europaweit gültig ist. Bei Christel L. aus Döbeln hat man offensichtlich nur darauf abgestellt, ob diese einen Schwerbehindertenausweis mit dem Merkzeichen „aG" besitzt. Dass es jedoch noch andere Kategorien von berechtigten Personen gibt, wie nachfolgend Nr. 2, unter die Frau Christel L aus Döbeln wohl fällt, scheint der Behörde unbekannt zu sein. Dies ist kein Einzelfall.

Wer hat Anspruch auf Ausstellung eines blauen Parkausweises?

Diejenigen, welche einen
1. Schwerbehindertenausweis mit den Merkzeichen „aG" (außergewöhnlich gehbehindert) oder „Bl" (blind) haben
2. Contergangeschädigte (beidseitige Amelie oder Phokomelie)
3. Menschen mit vergleichbaren Beeinträchtigungen (zum Beispiel Amputation beider Arme).

Der Parkausweis ist personenbezogen und nicht auf andere übertragbar. Er ist nicht auf ein bestimmtes Auto eingetragen, sondern auf den Inhaber. Daher kann er immer dann zum Einsatz kommen, wenn die berechtigte Person fährt oder gefahren wird.

Parkerleichterungen mit dem blauen Ausweis

Der EU-einheitliche blaue Sonderparkausweis erlaubt ..., **auf den mit Zusatzschild „Rollstuhlfahrersymbol" besonders gekennzeichneten Parkplätzen (sogenannten Behindertenparkplätzen) zu parken.**

Außerdem berechtigt der blaue Parkausweis auch zu Folgendem, wenn es in der Nähe keine verfügbare Parkmöglichkeit gibt:
- bis zu drei Stunden an Stellen zu parken, an denen das eingeschränkte Halteverbot angeordnet ist. Für bestimmte Haltverbotsstrecken können auf Antrag auch längere Parkzeiten genehmigt werden. Die Ankunftszeit muss sich aus der Einstellung auf einer Parkscheibe ergeben
- im Bereich eines Zonenhalteverbots die zugelassene Parkdauer zu überschreiten
- an Stellen, an denen Parken erlaubt ist, jedoch durch ein Zusatzschild eine Begrenzung der Parkzeit angeordnet ist, über die zugelassene Zeit hinaus zu parken

- in Fußgängerzonen, in denen das Be- und Entladen für bestimmte Zeiten freigegeben ist, während der Ladezeiten zu parken
- auf Parkplätzen für Bewohner bis zu drei Stunden zu parken
- an Parkuhren und bei Parkscheinautomaten ohne Gebühr und zeitliche Begrenzung zu parken
- in ausgewiesenen verkehrsberuhigten Bereichen außerhalb der markierten Parkstände – soweit der übrige Verkehr, insbesondere der fließende Verkehr, nicht unverhältnismäßig beeinträchtigt wird – zu parken, sofern in zumutbarer Entfernung keine andere Parkmöglichkeit besteht
- die höchstzulässige Parkzeit beträgt, wenn nicht anders angegeben, 24 Stunden.

Achtung, auf Privatgelände – etwa vor Supermärkten – können abweichende Regelungen gelten.

KINDER- UND JUGENDHILFERECHT – KOSTENERSATZ

Im SGB VIII ist das Kinder- und Jugendhilferecht geregelt. Obwohl im Sozialgesetzbuch VII geregelt, ist für Streitigkeiten im Kinder- und Jugendhilferecht das Verwaltungs- und nicht das Sozialgericht zuständig.

Kinder und Jugendliche haben eine Reihe von Ansprüchen auf Hilfe und Unterstützung. Nachstehend möchte ich lediglich auf die Schnittstelle zwischen Sozialhilfe und Jugendhilfe und die Problematik des Kostenersatzes, den die Eltern leisten müssen, eingehen. Anders als bei der Gewährung von Sozialhilfe an Jugendliche ab 18 Jahren müssen Eltern in der Regel einen wesentlich höheren Kostenersatz zahlen, insbesondere für die Unterbringung der Kinder in Einrichtungen.

Die Sozialhilfe setzt ab der Volljährigkeit, also ab dem 18. Lebensjahr, ein. Dagegen können Leistungen nach dem Kinder- und Jugendhilferecht (SGB VIII) über das 18. Lebensjahr hinaus bis zum 21. Lebensjahr, im Ausnahmefall sogar länger erbracht werden. Dies hat erhebliche Konsequenzen, da Eltern für Kinder, die Leistungen nach dem SGB IX erhalten, einen wesentlich höheren Kostenersatz leisten müssen als diejenigen, die Sozialhilfe erhalten.

Folgender Fall aus meiner Praxis:

> *Meine Mandanten stellten für ihr behindertes Kind, das 18 Jahre alt war,*
> *beim Jugendamt Antrag auf Übernahme für die Kosten in einem Heim. Das*
> *Jugendamt gewährte die Leistungen und leitete den Antrag an das Sozial-*
> *amt weiter.*
> *Das Sozialamt bestätigte seine Zuständigkeit und übernahm die Kosten,*
> *auch für den Zeitpunkt, ab dem das Jugendamt die Kosten übernommen*
> *hatte. Das Sozialamt erstattete also dem Jugendamt die entsprechenden*
> *Kosten. Gleichwohl forderte das Jugendamt von den Eltern den höheren*
> *Kostenersatz.*
> *In erster Instanz wies das Verwaltungsgericht die Klage gegen die Forderung*
> *des Jugendamtes zurück. Die tragende Begründung des Gerichtes war, dass*
> *sich die Eltern ja an das Jugendamt und nicht an die Sozialhilfe gewandt*
> *hatten. Ob dieses Urteil in der Berufung Bestand hat, ist abzuwarten.*

Sollte Ihr Kind also Leistungen der Jugendhilfe erhalten, sollten Sie unverzüglich, **wenn das Kind das 18. Lebensjahr vollendet hat,** für das Kind Antrag auf Grundsicherung nach dem Sozialhilfegesetz (SGB XII) und Antrag
auf Leistungen der Eingliederung nach dem Sozialhilfegesetz stellen. Wenn
Sie dies nicht machen, müssen Sie als Eltern zumindest bis zum 21. Lebensjahr einen wesentlich höheren Kostenersatz zahlen als den in der Sozialhilfe
auf 46 Euro begrenzten Unterhalt.

Ist Ihr Kind volljährig, so dürfen Sie nicht den Fehler machen, beim Jugend-
amt einen Antrag auf Leistungen der Jugendhilfe zu stellen (z. B. Eingliede-
rungshilfe), sondern müssen einen solchen Antrag nach dem SGB XII stellen.

Zu erwähnen ist noch, dass bei der Berechnung des Kostenersatzes nach der
Jugendhilfe – anders als im normalen Unterhaltsrecht – nur pauschale Abzüge geltend gemacht werden können.

BAFÖG

Haben Eltern kein ausreichendes Einkommen, um ihren Kindern Unterhalt
oder den vollen Unterhalt zu zahlen, haben unter bestimmten Voraussetzungen Schüler, insbesondere aber auch Studenten, Anspruch auf Ausbildungs-
förderung nach dem Bundesausbildungsförderungsgesetz (BAföG).

Vielfach wird dabei übersehen, dass die Kinder, welche BAföG beantragen, nur über ein begrenztes Vermögen verfügen dürfen. Haben die Eltern, Großeltern etc. ein Sparbuch oder eine sonstige Vermögensanlage für die Kinder eingerichtet und übersteigt dies den Freibetrag, so hat das Kind keinen Anspruch auf BAföG-Leistungen bzw. werden die Leistungen gekürzt. Besonderheiten ergeben sich u. a. bei Autos, Mietkautionen, Riester-Renten, Kapitallebensversicherungen, Bausparverträgen, Sparbüchern, selbstbewohnten Eigentumswohnungen oder Häusern und Treuhandvermögen. Diese können unter Umständen von einer Anrechnung (teilweise) freigestellt werden.

Der Freibetrag für einen Single ohne Kind beträgt 7.500 Euro. Für jedes Kind wird ein weiterer Freibetrag von 2.500 Euro gewährt. Liegt das Vermögen höher, wird das BAföG gekürzt oder es besteht kein Anspruch. Das Vermögen der Eltern bleibt außen vor, es wird nicht angerechnet.

Immer wieder kommt es vor, dass die Kinder entweder nicht wissen oder vergessen haben, dass auf ihren Namen eine entsprechende Geldanlage hinterlegt ist. Geben Sie diese nicht an, so kommt es aufgrund des regelmäßigen Datenabgleiches zwischen dem Bundesfinanzministerium und den Behörden zutage. Dies hat für das Kind schwere Konsequenzen. Nicht nur, dass das Geld zurückgezahlt werden muss, sondern es muss mit einem Strafverfahren wegen Sozialhilfebetrug rechnen. Im Hinblick auf Studium und spätere Berufstätigkeit kann dies die Zukunft des Kindes verbauen. Achten Sie also darauf, wenn Ihr Kind BAföG beantragt, dass auf den Namen des Kindes kein entsprechendes Geld bzw. kein Geld über dem Freibetrag angelegt ist.

STEUERRECHT

Im Steuerrecht verhält es sich ähnlich wie im sonstigen Verwaltungsrecht. Die Fehlerquote bei Steuerbescheiden soll bei circa 30 Prozent liegen. Häufige Ursachen für falsche Bescheide sind etwa Zahlendreher oder digitale Übertragungsfehler, die etwa beim Austausch mit Krankenversicherungen entstehen. Oft werde auch nur vergessen, einen Posten, der absetzbar wäre, anzugeben. Wenn die Steuererklärung von einem Steuerberater gefertigt wird, kann es auch hier zu Übertragungsfehlern kommen. Aus verschiedensten Gründen können Posten, welche absetzbar wären, nicht in der Steuererklärung erscheinen. Sollten Sie also Ihre Steuererklärung durch einen

Steuerberater anfertigen lassen, kontrollieren Sie wirklich die Steuererklärung nochmals genau. Erhalten Sie den Steuerbescheid, so kontrollieren Sie auch hier, ob Ihre Angaben richtig und vollständig übernommen worden sind.

Unabhängig davon gibt es oft unterschiedliche rechtliche Beurteilungen bezüglich der steuerlichen Behandlung von Einnahmen und Ausgaben.

Aufgrund der hohen Fehlerquote bei Steuerbescheiden, sollten Sie also nie blind einem Steuerbescheid vertrauen. Wie auch bereits am Anfang ausgeführt, haben Sie die Möglichkeit, innerhalb eines Monats seit Zustellung gegen den Steuerbescheid Einspruch einzulegen. Anders als bei einem Widerspruch gegen eine Zahlungsaufforderung im Sozialrecht etc. hat der Einspruch gegen einen Steuerbescheid jedoch keine aufschiebende Wirkung. In begründeten Fällen hat man möglicherweise Aussicht, dass einem Antrag auf Außervollzugsetzung entsprochen wird. Sollte dies nicht der Fall sein, kann man Antrag auf Stundung mit Ratenzahlung stellen. Wird diesem Antrag nicht entsprochen, so wird die Akte an die Vollstreckungsstelle weitergeleitet. Auch hier muss man den Kopf nicht hängen lassen, insbesondere wenn man entsprechende Sicherheiten bringen und die Steuerschuld in absehbarer Zeit beglichen werden kann, ist mit der Vollstreckungsstelle eine entsprechende Ratenzahlungsvereinbarung möglich.

Leserfrage an das Team „Verbraucherexperte Escher"

Bert B. aus Magdeburg:
„Mein Finanzamt kann – oder will – sich nicht in meine schwierige Lage hineinversetzen. Nach einer Firmeninsolvenz musste ich die Altersvorsorge auflösen, um Schulden bei der Bank und beim Vermieter zu begleichen. Diese enormen Ausgaben möchte ich mir wenigstens steuermindernd anrechnen lassen. Aber der Finanzbeamte stellt sich quer. Auch mein Widerspruch wurde negativ beschieden. Begründung: Ich hätte nie die Absicht gehabt, mit der Firma Geld zu verdienen. Jetzt haben wir Klage beim Finanzgericht eingereicht. Kann es sein, dass manche Finanzamtsmitarbeiter den Bezug zum wahren Leben verloren haben? Oder bringt sie das Abschmettern von (berechtigten) Forderungen auf ihrer Karriereleiter voran?"

Ob Sie mit Ihrer Argumentation beim Finanzgericht durchdringen, ist eine Rechtsfrage. Es kommt immer auf den individuellen Einzelfall an. Den Finanzbeamten sind durch entsprechende Ausführungsbestimmungen und Dienstanweisungen die Hände gebunden. Es kommt auch immer auf die Argumentation an.

Solch schwierige existenzbedrohenden Probleme sind ohne Hilfe zumindest eines Fachanwaltes für Insolvenzrecht und eines Steuerberaters nicht zu lösen.

Im Übrigen muss der Steuerpflichtige nachweisen, damit Betriebsausgaben geltend gemacht werden können, dass eine sogenannte Gewinnerzielungsabsicht vorhanden ist. In der Regel wird davon ausgegangen, dass spätestens nach drei Jahren Gewinne erwirtschaftet werden müssen. Es kommt natürlich immer auf den individuellen Einzelfall an.

BERATUNGSHILFE

Für diejenigen, die ein geringes Einkommen beziehen und kein nennenswertes Vermögen haben und ein Rechtsanwalt einen Rechtsanwalt benötigen, um sich rechtskundig beraten zu lassen, wurde die Beratungshilfe geschaffen.

Erhält jemand Sozialhilfe oder Arbeitslosengeld 2, erfüllt er in der Regel die finanziellen Voraussetzungen für die Gewährung von Beratungshilfe. Verdient jemand, so kann er gewisse Abzüge vornehmen. Der Ratsuchende erhält vom zuständigen Amtsgericht einen Beratungshilfeschein und kann sich dann von einem Anwalt seiner Wahl beraten lassen. In Bremen und Hamburg gibt es diese Beratungshilfe nicht, dafür eine öffentliche Rechtsberatung.

Nicht in jedem Fall gibt es die Beratungshilfe. Bei der Gewährung der Beratungshilfe sind die Rechtspfleger, die dafür zuständig sind, oft sehr restriktiv. Insofern sei auf § 1 BerHG hingewiesen:

Gesetz über Rechtsberatung und Vertretung für Bürger mit geringem Einkommen (Beratungshilfegesetz – BerHG)

§ 1

(1) Hilfe für die Wahrnehmung von Rechten außerhalb eines gerichtlichen Verfahrens und im obligatorischen Güteverfahren nach § 15a des Gesetzes, betreffend die Einführung der Zivilprozessordnung (Beratungshilfe), wird auf Antrag gewährt, wenn

> *1. der Rechtsuchende die erforderlichen Mittel nach seinen persönlichen und wirtschaftlichen Verhältnissen nicht aufbringen kann*
> *2. nicht andere Möglichkeiten für eine Hilfe zur Verfügung stehen, deren Inanspruchnahme dem Rechtsuchenden zuzumuten ist*
> *3. die Inanspruchnahme der Beratungshilfe nicht mutwillig erscheint.*
>
> *(2) Die Voraussetzungen des Absatzes 1 Nr. 1 sind gegeben, wenn dem Rechtsuchenden Prozesskostenhilfe nach den Vorschriften der Zivilprozessordnung ohne einen eigenen Beitrag zu den Kosten zu gewähren wäre. Die Möglichkeit, sich durch einen Rechtsanwalt unentgeltlich oder gegen Vereinbarung eines Erfolgshonorars beraten oder vertreten zu lassen, ist keine andere Möglichkeit der Hilfe im Sinne des Absatzes 1 Nummer 2.*
>
> *(3) Mutwilligkeit liegt vor, wenn Beratungshilfe in Anspruch genommen wird, obwohl ein Rechtsuchender, der keine Beratungshilfe beansprucht, bei verständiger Würdigung aller Umstände der Rechtsangelegenheit davon absehen würde, sich auf eigene Kosten rechtlich beraten oder vertreten zu lassen. Bei der Beurteilung der Mutwilligkeit sind die Kenntnisse und Fähigkeiten des Antragstellers sowie seine besondere wirtschaftliche Lage zu berücksichtigen.*

Der Antrag auf Beratungshilfe darf nicht mutwillig gestellt werden. Es wird geprüft, ob der Antragsteller aufgrund seines Kenntnisstands, seiner Fertigkeiten und seiner wirtschaftlichen Lage in dieser Sache auch dann einen Anwalt mit der Beratung und außergerichtlichen Vertretung beauftragt hätte, wenn er diesen aufgrund seiner wirtschaftlichen Verhältnisse selbst bezahlen könnte. Hat der Antragsteller eine Rechtsschutzversicherung, die für diesen Fall die Kosten eines Rechtsanwaltes übernimmt, so wird keine Beratungshilfe gewährt. Ebenfalls, wenn der Antragsteller Mitglied in einem Verein etc. ist, welcher in der entsprechenden Angelegenheit eine Rechtsberatung für seine Mitglieder durchführt, im Sozialrecht z. B. der VdK.

Die Beratungshilfe ist nicht nur auf die reine Rechtsberatung begrenzt. Ist der Berechtigte auch nach erfolgter Beratung aufgrund der Komplexität der Angelegenheit oder anderer Schwierigkeiten nicht in der Lage, seine Rechte selbst durchzusetzen, wird auch für die außergerichtliche Tätigkeit eines Rechtsanwaltes Beratungshilfe gewährt. Hierfür erhält der Rechtsanwalt (bei einem Gegner) 102 Euro, zzgl. Umsatzsteuer. Kommt es zu einer Einigung mit der Gegenseite, erhält der Anwalt 255 Euro, zzgl. Umsatzsteuer.

Damit der Anwalt diese Gebühr erhält, reicht es nicht aus, dass er nur einfach Widerspruch einlegt, er muss diesen auch entsprechend begründen.

Die Entgegennahme der Information, gegebenenfalls die Beschaffung der Unterlagen sowie die Anfertigung des Widerspruches mit der Begründung sind zeitaufwendig. In der Regel sind die Gebühren für die Beratungshilfe deshalb nicht kostendeckend.

Die Einlegung von Widersprüchen fällt unter eine solche außergerichtliche Tätigkeit.
Der Rechtsuchende muss einen Eigenanteil von 15 Euro zahlen. Für die reine Beratung erhält der Rechtsanwalt 35 Euro aus der Staatskasse.

PROZESSKOSTENHILFE

Die Gewährung von Prozesskostenhilfe ist von zwei Bedingungen abhängig.

1. Aufgrund der finanziellen Verhältnisse kann der Betroffene die Kosten des Rechtsstreites nicht selbst oder teilweise nicht selbst tragen.
2. Die Klage hat hinreichend Aussicht auf Erfolg.
Es ist also nicht so, dass man automatisch Prozesskostenhilfe erhält, wenn man nicht die entsprechenden finanziellen Mittel hat, also z. B. Hartz IV oder Sozialhilfe erhält. Der Anwalt muss also, wenn er bei dem Betroffenen einen Antrag auf Prozesskostenhilfe stellt, zunächst eine Klage oder einen Klageentwurf anfertigen. Dabei weiß er nicht, ob er für seine Tätigkeit Geld erhält. Wenn später keine Prozesskostenhilfe gewährt wird, hat der Anwalt umsonst gearbeitet.

Sozialgesetzbuch (SGB) Erstes Buch (I) – Allgemeiner Teil –
(Artikel I des Gesetzes vom 11. Dezember 1975, BGBl. I S. 3015)
§ 60 Angabe von Tatsachen

(1) Wer Sozialleistungen beantragt oder erhält, hat

1. alle Tatsachen anzugeben, die für die Leistung erheblich sind, und auf Verlangen des zuständigen Leistungsträgers der Erteilung der erforderlichen Auskünfte durch Dritte zuzustimmen

2. Änderungen in den Verhältnissen, die für die Leistung erheblich sind oder über die im Zusammenhang mit der Leistung Erklärungen abgegeben worden sind, unverzüglich mitzuteilen

3. Beweismittel zu bezeichnen und auf Verlangen des zuständigen Leistungsträgers Beweisurkunden vorzulegen oder ihrer Vorlage zuzustimmen.

Satz 1 gilt entsprechend für denjenigen, der Leistungen zu erstatten hat.

(2) Soweit für die in Absatz 1 Satz 1 Nr. 1 und 2 genannten Angaben Vordrucke vorgesehen sind, sollen diese benutzt werden.

§ 61 SGB I Persönliches Erscheinen

Wer Sozialleistungen beantragt oder erhält, soll auf Verlangen des zuständigen Leistungsträgers zur mündlichen Erörterung des Antrags oder zur Vornahme anderer für die Entscheidung über die Leistung notwendiger Maßnahmen persönlich erscheinen.

§ 62 SGB I Untersuchungen

Wer Sozialleistungen beantragt oder erhält, soll sich auf Verlangen des zuständigen Leistungsträgers ärztlichen und psychologischen Untersuchungsmaßnahmen unterziehen, soweit diese für die Entscheidung über die Leistung erforderlich sind.

§ 63 SGB I Heilbehandlung

Wer wegen Krankheit oder Behinderung Sozialleistungen beantragt oder erhält, soll sich auf Verlangen des zuständigen Leistungsträgers einer Heilbehandlung unterziehen, wenn zu erwarten ist, dass sie eine Besserung seines Gesundheitszustands herbeiführen oder eine Verschlechterung verhindern wird.

§ 64 SGB I Leistungen zur Teilhabe am Arbeitsleben

Wer wegen Minderung der Erwerbsfähigkeit, anerkannten Schädigungsfolgen oder wegen Arbeitslosigkeit Sozialleistungen beantragt oder erhält, soll auf Verlangen des zuständigen Leistungsträgers an Leistungen zur Teilhabe am Arbeitsleben teilnehmen, wenn bei angemessener Berücksichtigung seiner beruflichen Neigung und seiner Leistungsfähigkeit zu erwarten ist, dass sie seine Erwerbs- oder Vermittlungsfähigkeit auf Dauer fördern oder erhalten werden.

§ 65 SGB I Grenzen der Mitwirkung

(1) Die Mitwirkungspflichten nach den §§ 60 bis 64 bestehen nicht, soweit

    1. ihre Erfüllung nicht in einem angemessenen Verhältnis zu der in Anspruch genommenen Sozialleistung oder ihrer Erstattung steht oder

    2. ihre Erfüllung dem Betroffenen aus einem wichtigen Grund nicht zugemutet werden kann oder

    3. der Leistungsträger sich durch einen geringeren Aufwand als der Antragsteller oder Leistungsberechtigte die erforderlichen Kenntnisse selbst beschaffen kann.

(2) Behandlungen und Untersuchungen,

    1. bei denen im Einzelfall ein Schaden für Leben oder Gesundheit nicht mit hoher Wahrscheinlichkeit ausgeschlossen werden kann

    2. die mit erheblichen Schmerzen verbunden sind oder

    3. die einen erheblichen Eingriff in die körperliche Unversehrtheit bedeuten, können abgelehnt werden.

(3) Angaben, die dem Antragsteller, dem Leistungsberechtigten oder ihnen nahestehende Personen (§ 383 Abs. 1 Nr. 1 bis 3 der Zivilprozessordnung) die Gefahr zuziehen würde, wegen einer Straftat oder einer Ordnungswidrigkeit verfolgt zu werden, können verweigert werden.

§ 65a SGB I Aufwendungsersatz

(1) Wer einem Verlangen des zuständigen Leistungsträgers nach den §§ 61 oder 62 nachkommt, kann auf Antrag Ersatz seiner notwendigen Auslagen und seines Verdienstausfalls in angemessenem Umfang erhalten. Bei einem Verlangen des zuständigen Leistungs-

trägers nach § 61 sollen Aufwendungen nur in Härtefällen ersetzt werden.

(2) Absatz 1 gilt auch, wenn der zuständige Leistungsträger ein persönliches Erscheinen oder eine Untersuchung nachträglich als notwendig anerkennt.

§ 66 SGB I Folgen fehlender Mitwirkung

(1) Kommt derjenige, der eine Sozialleistung beantragt oder erhält, seinen Mitwirkungspflichten nach den §§ 60 bis 62, 65 nicht nach und wird hierdurch die Aufklärung des Sachverhalts erheblich erschwert, kann der Leistungsträger ohne weitere Ermittlungen die Leistung bis zur Nachholung der Mitwirkung ganz oder teilweise versagen oder entziehen, soweit die Voraussetzungen der Leistung nicht nachgewiesen sind. Dies gilt entsprechend, wenn der Antragsteller oder Leistungsberechtigte in anderer Weise absichtlich die Aufklärung des Sachverhalts erheblich erschwert.

(2) Kommt derjenige, der eine Sozialleistung wegen Pflegebedürftigkeit, wegen Arbeitsunfähigkeit, wegen Gefährdung oder Minderung der Erwerbsfähigkeit, anerkannten Schädigungsfolgen oder wegen Arbeitslosigkeit beantragt oder erhält, seinen Mitwirkungspflichten nach den §§ 62 bis 65 nicht nach und ist unter Würdigung aller Umstände mit Wahrscheinlichkeit anzunehmen, dass deshalb die Fähigkeit zur selbstständigen Lebensführung, die Arbeits-, Erwerbs- oder Vermittlungsfähigkeit beeinträchtigt oder nicht verbessert wird, kann der Leistungsträger die Leistung bis zur Nachholung der Mitwirkung ganz oder teilweise versagen oder entziehen.

(3) Sozialleistungen dürfen wegen fehlender Mitwirkung nur versagt oder entzogen werden, nachdem der Leistungsberechtigte auf diese Folge schriftlich hingewiesen worden ist und seiner Mitwirkungspflicht nicht innerhalb einer ihm gesetzten angemessenen Frist nachgekommen ist.

§ 67 SGB I Nachholung der Mitwirkung

Wird die Mitwirkung nachgeholt und liegen die Leistungsvoraussetzungen vor, kann der Leistungsträger Sozialleistungen, die er nach § 66 versagt oder entzogen hat, nachträglich ganz oder teilweise erbringen.

Siebtes Buch Sozialgesetzbuch – Gesetzliche Unfallversicherung –
(Artikel 1 des Gesetzes vom 7. August 1996, BGBl. I S. 1254)
§ 2 Versicherung kraft Gesetzes

(1) Kraft Gesetzes sind versichert

1. Beschäftigte
2. Lernende während der beruflichen Aus- und Fortbildung in Betriebsstätten, Lehrwerkstätten, Schulungskursen und ähnlichen Einrichtungen
3. Personen, die sich Untersuchungen, Prüfungen oder ähnlichen Maßnahmen unterziehen, die aufgrund von Rechtsvorschriften zur Aufnahme einer versicherten Tätigkeit oder infolge einer abgeschlossenen versicherten Tätigkeit erforderlich sind, soweit diese Maßnahmen vom Unternehmen oder einer Behörde veranlasst worden sind
4. behinderte Menschen, die in anerkannten Werkstätten für behinderte Menschen, bei einem anderen Leistungsanbieter nach § 60 des Neunten Buches oder in Blindenwerkstätten im Sinne des § 226 des Neunten Buches oder für diese Einrichtungen in Heimarbeit tätig sind
5. Personen, die
   a) Unternehmer eines landwirtschaftlichen Unternehmens sind und ihre im Unternehmen mitarbeitenden Ehegatten oder Lebenspartner
   b) im landwirtschaftlichen Unternehmen nicht nur vorübergehend mitarbeitende Familienangehörige sind
   c) in landwirtschaftlichen Unternehmen in der Rechtsform von Kapital- oder Personenhandelsgesellschaften regelmäßig wie Unternehmer selbstständig tätig sind
   d) ehrenamtlich in Unternehmen tätig sind, die unmittelbar der Sicherung, Überwachung oder Förderung der Landwirtschaft überwiegend dienen
   e) ehrenamtlich in den Berufsverbänden der Landwirtschaft tätig sind, wenn für das Unternehmen die landwirtschaftliche Berufsgenossenschaft zuständig ist.
6. Hausgewerbetreibende und Zwischenmeister sowie ihre mitarbeitenden Ehegatten oder Lebenspartner
7. selbstständig tätige Küstenschiffer und Küstenfischer, die zur Besatzung ihres Fahrzeugs gehören oder als Küstenfischer ohne Fahrzeug

fischen und regelmäßig nicht mehr als vier Arbeitnehmer beschäftigen, sowie ihre mitarbeitenden Ehegatten oder Lebenspartner

8.

   a) Kinder während des Besuchs von Tageseinrichtungen, deren Träger für den Betrieb der Einrichtungen der Erlaubnis nach § 45 des Achten Buches oder einer Erlaubnis aufgrund einer entsprechenden landesrechtlichen Regelung bedürfen, während der Betreuung durch geeignete Tagespflegepersonen im Sinne von § 23 des Achten Buches sowie während der Teilnahme an vorschulischen Sprachförderungskursen, wenn die Teilnahme auf Grund landesrechtlicher Regelungen erfolgt

   b) Schüler während des Besuchs von allgemein- oder berufsbildenden Schulen und während der Teilnahme an unmittelbar vor oder nach dem Unterricht von der Schule oder im Zusammenwirken mit ihr durchgeführten Betreuungsmaßnahmen

   c) Studierende während der Aus- und Fortbildung an Hochschulen,

9. Personen, die selbstständig oder unentgeltlich, insbesondere ehrenamtlich im Gesundheitswesen oder in der Wohlfahrtspflege, tätig sind

10. Personen, die

   a) für Körperschaften, Anstalten oder Stiftungen des öffentlichen Rechts oder deren Verbände oder Arbeitsgemeinschaften, für die in den Nummern 2 und 8 genannten Einrichtungen oder für privatrechtliche Organisationen im Auftrag oder mit ausdrücklicher Einwilligung, in besonderen Fällen mit schriftlicher Genehmigung von Gebietskörperschaften ehrenamtlich tätig sind oder an Ausbildungsveranstaltungen für diese Tätigkeit teilnehmen

   b) für öffentlich-rechtliche Religionsgemeinschaften und deren Einrichtungen oder für privatrechtliche Organisationen im Auftrag oder mit ausdrücklicher Einwilligung, in besonderen Fällen mit schriftlicher Genehmigung von öffentlich-rechtlichen Religionsgemeinschaften ehrenamtlich tätig sind oder an Ausbildungsveranstaltungen für diese Tätigkeit teilnehmen

11. Personen, die

   a) von einer Körperschaft, Anstalt oder Stiftung des öffentlichen Rechts zur Unterstützung einer Diensthandlung herangezogen werden

b) von einer dazu berechtigten öffentlichen Stelle als Zeugen zur Beweiserhebung herangezogen werden

12. Personen, die in Unternehmen zur Hilfe bei Unglücksfällen oder im Zivilschutz unentgeltlich, insbesondere ehrenamtlich, tätig sind oder an Ausbildungsveranstaltungen dieser Unternehmen, einschließlich der satzungsmäßigen Veranstaltungen, die der Nachwuchsförderung dienen, teilnehmen

13. Personen, die
    a) bei Unglücksfällen oder gemeiner Gefahr oder Not Hilfe leisten oder einen anderen aus erheblicher gegenwärtiger Gefahr für seine Gesundheit retten
    b) Blut oder körpereigene Organe, Organteile oder Gewebe spenden oder bei denen Voruntersuchungen oder Nachsorgemaßnahmen anlässlich der Spende vorgenommen werden
    c) sich bei der Verfolgung oder Festnahme einer Person, die einer Straftat verdächtig ist oder zum Schutz eines widerrechtlich Angegriffenen persönlich einsetzen
    d) Tätigkeiten als Notärztin oder Notarzt im Rettungsdienst ausüben, wenn diese Tätigkeiten neben
    aa) einer Beschäftigung mit einem Umfang von regelmäßig mindestens 15 Stunden wöchentlich außerhalb des Rettungsdienstes oder
    bb) einer Tätigkeit als zugelassener Vertragsarzt oder als Arzt in privater Niederlassung ausgeübt werden

14. Personen, die
    a) nach den Vorschriften des Zweiten oder des Dritten Buches der Meldepflicht unterliegen, wenn sie einer besonderen, an sie im Einzelfall gerichteten Aufforderung der Bundesagentur für Arbeit, des nach § 6 Absatz 1 Satz 1 Nummer 2 des Zweiten Buches zuständigen Trägers oder eines nach § 6a des Zweiten Buches zugelassenen kommunalen Trägers nachkommen, diese oder eine andere Stelle aufzusuchen
    b) an einer Maßnahme teilnehmen, wenn die Person selbst oder die Maßnahme über die Bundesagentur für Arbeit, einen nach § 6 Absatz 1 Satz 1 Nummer 2 des Zweiten Buches zuständigen Träger oder einen nach § 6a des Zweiten Buches zugelassenen kommunalen Träger gefördert wird

15. Personen, die

    a) auf Kosten einer Krankenkasse oder eines Trägers der gesetzlichen Rentenversicherung oder der landwirtschaftlichen Alterskasse stationäre oder teilstationäre Behandlung oder stationäre, teilstationäre oder ambulante Leistungen zur medizinischen Rehabilitation erhalten

    b) zur Vorbereitung von Leistungen zur Teilhabe am Arbeitsleben auf Aufforderung eines Trägers der gesetzlichen Rentenversicherung oder der Bundesagentur für Arbeit einen dieser Träger oder eine andere Stelle aufsuchen

    c) auf Kosten eines Unfallversicherungsträgers an vorbeugenden Maßnahmen nach § 3 der Berufskrankheiten-Verordnung teilnehmen

16. Personen, die bei der Schaffung öffentlich geförderten Wohnraums im Sinne des Zweiten Wohnungsbaugesetzes oder im Rahmen der sozialen Wohnraumförderung bei der Schaffung von Wohnraum im Sinne des § 16 Abs. 1 Nr. 1 bis 3 des Wohnraumförderungsgesetzes oder entsprechender landesrechtlicher Regelungen im Rahmen der Selbsthilfe tätig sind

17. Pflegepersonen im Sinne des § 19 Satz 1 und 2 des Elften Buches bei der Pflege eines Pflegebedürftigen mit mindestens Pflegegrad 2 im Sinne der §§ 14 und 15 Absatz 3 des Elften Buches; die versicherte Tätigkeit umfasst pflegerische Maßnahmen in den in § 14 Absatz 2 des Elften Buches genannten Bereichen sowie Hilfen bei der Haushaltsführung nach § 18 Absatz 5a Satz 3 Nummer 2 des Elften Buches.

(1a) Versichert sind auch Personen, die nach Erfüllung der Schulpflicht auf der Grundlage einer schriftlichen Vereinbarung im Dienst eines geeigneten Trägers im Umfang von durchschnittlich mindestens acht Wochenstunden und für die Dauer von mindestens sechs Monaten als Freiwillige einen Freiwilligendienst aller Generationen unentgeltlich leisten. Als Träger des Freiwilligendienstes aller Generationen geeignet sind inländische juristische Personen des öffentlichen Rechts oder unter § 5 Abs. 1 Nr. 9 des Körperschaftsteuergesetzes fallende Einrichtungen zur Förderung gemeinnütziger, mildtätiger oder kirchlicher Zwecke (§§ 52 bis 54 der Abgabenordnung), wenn sie die Haftpflichtversicherung und eine kontinuierliche Begleitung der Freiwilligen und deren Fort- und Weiterbildung im Umfang von mindestens durchschnittlich 60 Stunden je Jahr sicherstellen. Die Träger haben fortlaufende Aufzeichnungen zu führen über die bei ihnen nach Satz 1 tätigen Personen, die Art und den Umfang der Tätigkeiten und die Einsatzorte. Die Aufzeichnungen sind mindestens fünf Jahre lang aufzubewahren.

(2) Ferner sind Personen versichert, die wie nach Absatz 1 Nr. 1 Versicherte tätig werden. Satz 1 gilt auch für Personen, die während einer aufgrund eines Gesetzes angeordneten Freiheitsentziehung oder aufgrund einer strafrichterlichen, staatsanwaltlichen oder jugendbehördlichen Anordnung wie Beschäftigte tätig werden.

(3) Absatz 1 Nr. 1 gilt auch für

1. Personen, die im Ausland bei einer amtlichen Vertretung des Bundes oder der Länder oder bei deren Leitern, Mitgliedern oder Bediensteten beschäftigt und in der gesetzlichen Rentenversicherung nach § 4 Absatz 1 Satz 2 des Sechsten Buches pflichtversichert sind

2. Personen, die
   a) im Sinne des Entwicklungshelfer-Gesetzes Entwicklungsdienst oder Vorbereitungsdienst leisten
   b) einen entwicklungspolitischen Freiwilligendienst „weltwärts" im Sinne der Richtlinie des Bundesministeriums für wirtschaftliche Zusammenarbeit und Entwicklung vom 1. August 2007 (BAnz. 2008 S. 1297) leisten
   c) einen Internationalen Jugendfreiwilligendienst im Sinne der Richtlinie Internationaler Jugendfreiwilligendienst des Bundesministeriums für Familie, Senioren, Frauen und Jugend vom 20. Dezember 2010 (GMBl S. 1778) leisten

3. Personen, die
   a) eine Tätigkeit bei einer zwischenstaatlichen oder überstaatlichen Organisation ausüben und deren Beschäftigungsverhältnis im öffentlichen Dienst während dieser Zeit ruht
   b) als Lehrkräfte vom Auswärtigen Amt durch das Bundesverwaltungsamt an Schulen im Ausland vermittelt worden sind oder
   c) für ihre Tätigkeit bei internationalen Einsätzen zur zivilen Krisenprävention als Sekundierte nach dem Sekundierungsgesetz abgesichert werden.

Die Versicherung nach Satz 1 Nummer 3 Buchstabe a und c erstreckt sich auch auf Unfälle oder Krankheiten, die infolge einer Verschleppung oder einer Gefangenschaft eintreten oder darauf beruhen, dass der Versicherte aus sonstigen mit seiner Tätigkeit zusammenhängenden Gründen, die er nicht zu vertreten hat, dem Einflussbereich seines Arbeitgebers oder der für die Durchführung seines Einsatzes verantwortlichen Einrichtung entzogen ist. Gleiches gilt, wenn Unfälle oder Krankheiten auf gesundheitsschädigende oder sonst vom Inland wesentlich abweichende Verhältnisse bei der Tätigkeit oder dem Einsatz im Ausland zurückzuführen sind. Soweit die Absätze 1 bis 2 weder eine Beschäftigung noch eine selbstständige Tätigkeit voraussetzen, gelten sie abweichend von § 3 Nr. 2 des Vierten Buches für alle Personen, die die in diesen Absätzen genannten Tätigkeiten im Inland ausüben; § 4 des Vierten Buches gilt entsprechend. Absatz 1 Nr. 13 gilt auch für Personen, die im Ausland tätig werden, wenn sie im Inland ihren Wohnsitz oder gewöhnlichen Aufenthalt haben.

(4) Familienangehörige im Sinne des Absatzes 1 Nr. 5 Buchstabe b sind

1. Verwandte bis zum dritten Grade
2. Verschwägerte bis zum zweiten Grade
3. Pflegekinder (§ 56 Abs. 2 Nr. 2 des Ersten Buches) der Unternehmer, ihrer Ehegatten oder ihrer Lebenspartner.